# 空調設備 実践 虎の巻

津守 宏計
前山 二郎 著
橋本 重行

トラブルに勝つ！

電気書院

# まえがき

　設備技術者を取り巻く状況は，日々大きく変わっています．エアコンの冷媒配管ではアルミニューム材料の使用で高効率化が進んでいます．また，冷媒のあらゆる機能を制御する「制御パネル」は，高度化に伴いベテランのサービスマンでも手が出ない「ブラックボックス」化し，運転停止やエラー発生の状態があれば，「標準的な使用法」との差を考えたり，どのような状況でエラーが出たかの確認をしたりする．これくらいしか，現場では対応できなくなっています．

　現場を見て，状況を理解し，合理的な判断を出せることがベテランの「腕の見せ所」であるといったことは，今や昔話となっています．

　設備の運用の仕方によっては建物全体のエネルギーコストに大きく影響がでます．電力の需要と供給の問題は，コスト面からも長らく「需要の平準化」が国策として提唱されてきました．2015年のパリ協定以来，カーボンニュートラルが政策として前面に打ち出されています．しかし太陽光発電に代表される再生可能エネルギーの大規模採用で，春・秋の晴天の平日には電力の過剰供給となる事態が出現しています．この打開策として，いわゆる「需要の平準化」から「需要の最適化」が求められることになってきました．エネルギー需給の最適化には技術的問題が散見される中で，再生可能エネルギーの有効活用についての制度面での問題解決が急がれています．

　とはいえ，このような需給逼迫に関する諸問題とは区別されるような，あくまで「低次元」の問題として，建築設備に関するクレーム・トラブルは日常的に発生し，設備関係者の業務の大きな要素となっている現状があります．

　例えば「水漏れ」や「温度異常」，「思わぬところからの騒音」など，設備の関係者が出くわすトラブル事例は枚挙にいとまがありません．著者も

竣工検査の当日に，やってはいけない操作ミスから大きな水漏れを誘発させてしまった苦い経験があります．極度の緊張は，ヒューマンエラーを起こしてしまいます．確認が必要な重要なときこそ，理解している操作法ではあっても，「手順書」に従って順々に進めてゆくことこそ大切です．

ビル設備は「自動車のような大量生産による工業製品」ではなく「一品生産のシステム・装置」ですから，こうしたトラブルの発生は，ある意味では仕方のないことかもしれません．確かに，ビル設備を構成する部材や部品は「メーカーによる工業製品」であり，その品質は充分に保証されてはいますが，現地で組み上げることになるシステムや装置は，本来その現場向けに選ばれて，吟味されたものであり，その趣旨を理解して適切に運用された場合に，はじめて本領を発揮するものだといえます．


技術者として社会へ出て 50 年を経た今だからこそ，言えることがあります．

50 年の実績を通じて，培ってきたものの一端をお伝えしたいと思います．


『徒然草』に，「よき細工は，少し鈍き刀を使ふといふ」という一節があります．筆者はかなり錆びたナイフではありますが，これまでの実績と経験が，トラブル解決を望む読者諸兄のお役に立てれば幸いです．

著者

# 目　　次

# 3章　先輩ビル管理者の知識・経験に追いつく

# 1章 「いまからでも間に合う！」トラブル対策

　天井からの水漏れ，温度・湿度不良などに代表される空調設備のトラブルは思わぬときに襲ってくる．どのような場所・時間に起こるかの予測は立たない．水漏れは，トラブルのなかでも厄介なしろものである．店舗であれば，商品の損害だけにとどまらず，「お客様」への補償や店舗の復旧など，水損による損害は，そのすそ野が広い．

　・暖房時には，起こらなかったが・・・．

　・竣工後，5年を経た今だから・・・．

　などなど，トラブルは思いもよらない「要因」の複合的な重なりで発生することが多い．見た目の直観も大切ではあるが，トラブルの内容をつぶさに確認して「本当の原因」を確かめることから始めないと，かえって解決が遠のくことがよくある．

　「原因の掘り下げ方」や「本当の原因は何か・・」など，「よく似た事例」の中から問題解決の糸口を見つけて問題を解決していただきたい．

## 1.1 ガス焚冷温水機の冷却水配管閉塞トラブル

　空調の中央熱源方式では，燃料主体型の代表としてガス冷温水機がよく用いられるが，「特別な熱源である」といった認識をしないまま設計・施工されることが普通になっている．

　冷却水温度の低下による「吸収液の結晶化現象」，真空容器の「真空度維持」が経年変化で困難となることは，よく発生する現象で，設備の保守・保全に必要な常識となっている．

　一般に冷却水の配管は 40 ℃以下の，常温よりは「やや高めの温度域」を使用していることから，「耐蝕性を考慮した」一般の配管材料がよく使用される．

　ところが，吸収式冷温水機の機種によっては温水製造時に「部分的にかなりの高温」となることがあり，この部分については耐熱性が求められる．

### ■ 現象

　ガス冷温水機の冷却水配管をビニルライニング鋼管 (VLP) としている．

　冬季運転が終わり，夏季への運転モードの切り替え後，冷却水ポンプを起動して冷温水機本体を起動したが「冷却水異常」で起動しなかった．

- ・　冷却水は満水状態である
- ・　冷却水ポンプはまわっている
- ・　電流計・圧力計もポンプの稼働を示している

　冷却水異常とは，冷温水機本体への冷却水が「満足に流れていない（＝流量が不足）」ことを指している．冷却水出口の配管を開放してみると配管内側のライニング材が剥離して，管を閉塞していたことがわかった．

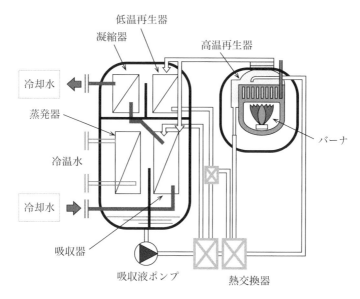

図 1-1-1　二重効用型ガス冷温水機の構成（参考）

## ■ 原因

　吸収式冷温水機は，蒸発器・吸収器・再生器・凝縮器他で構成されており，夏季には冷水，冬季には温水を製造する．冬季の運転では，冷却塔を使用しないので，冷却水配管は管内の水を抜いて保管しておくことが一般的である．

　冬季は，吸収器・凝縮器ともに高温再生器でつくられた「冷媒蒸気で満たされている」ことから，冷却水配管の接続部は 90 ℃近くの高温になることがあり，「高温になる配管への対応」が必要である．

　配管内が満液でなくても，熱伝達による熱移動はある．また，満液でバルブを閉止していても同様の熱移動が起こる．

　冬季の冷凍サイクルについて，図 1-1-2 を使って説明する．

① 高温再生器で発生した冷媒蒸気は蒸発器に入り温水を加熱することにより凝縮する.

② 温水に放熱した冷媒液は，高温再生器からの中間濃度溶液および低温再生器からの溶液と混ざり希釈液となる.

③ 希釈された溶液は吸収液ポンプで高温再生器に送られ，加熱・蒸発して再び冷媒蒸気として循環する.

④ したがって，蒸発器・吸収器・凝縮器を収納する「真空容器（着色部）」は，高圧再生器で発生させた冷媒蒸気が充満することになる.

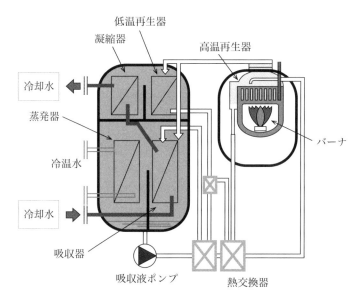

図 1-1-2　ガス焚冷温水機の暖房サイクル時の高温領域図（参考）

## ■ 改善策 ·········································································•

A：冬季は冷却水配管の水を抜く．この場合でも高温部からの熱伝達で配
　管・バルブが加熱されることがあることから

① 「バルブは，機器より数 m 以上離して設置する」

② 「冷却水バルブまでの管材は耐熱性能を有する鋼管・SUS 管等を採用
　する」

③ 　さらに，空っぽの配管でも管内の空気が膨張することから「バルブを
　開とする」か，「空気抜き弁を開放して圧力の上昇をさける」

B：冬季に冷却水を水抜きしない場合には，配管内の熱伝達による管内の
　圧力上昇を防ぐためにバルブを開とする．この場合には，冷却水配管
　への熱移動による放熱で熱ロスが発生する．

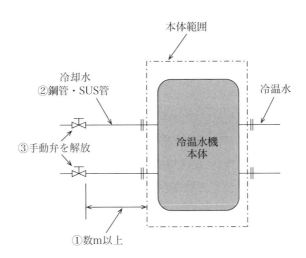

図 1-1-3　改善策 A

## ■ 教訓 ●●●●●●●●●●●●●●●●●●●●●●●●●●●●●●●●●●●●●●●●●●●●●

「冷却水配管」この言葉から受けるイメージは，「常温」または常温より「やや高め」の温度域が想像される．一般的に冷凍機では，凝縮温度をいかに下げるかが効率向上のテーマであり，中間期において冷却水温度を下げることが，運用で可能な省エネのテーマとなっていることは周知のことである．

ところが，吸収式冷凍機は，冷却水温度の低下による「吸収液の結晶」で大きなトラブルが発生する．これはよく知られた現象である．保守管理者にとっては取扱説明書を理解したうえでメーカーの確認を取って設定温度を変更する必要がある．省エネのためとはいえ，冷却水温度を変更するのは抵抗感のある作業内容である．

一方で「ガス焚冷温水機」の一部の機種では「冷却水配管の接続部が高温となる」事例があり，管材料の特性についても理解が求められる．

冷却水配管は通常では断熱被覆はない．温水と冷却水の取り出しが共用されている場合には，断熱被覆を施している．外観上から判断できない場合には，完成図書から取り出し配管の位置を確認して冷却水配管・温水配管を確定することになる．

配管内部の保有水の有無にかかわらず「熱伝導」による熱の移動がある．また，バルブを閉止していても同様であり，配管内部の温度上昇への対応が求められる（具体的には，＜改善策＞を参照）．

竣工時の引き渡し説明などで詳細な説明を受けていた場合でも，「保守要員の交代や欠勤」など，何らかの事情で操作手順を失念してしまう場合がある．どのような事情があっても「現場へ行けば，だれでも正しい操作が可能」といった「操作手順」の設定・掲示と引継ぎ動作の遵守が求められる．

[コーヒーブレイク]

## 耐蝕性配管材料について

　冷却水配管に用いられる配管材料では，大気汚染による冷却水水質の悪化や，藻類の発生を制御する薬品の管材への影響から，耐蝕性能を有する材料が用いられてきた.

　代表的な硬質塩化ビニルライニング鋼管とナイロンコーティング鋼管について，温度的な性能について確認してみる.

### ● 硬質塩化ビニルライニング鋼管

　JIS 規格「JWWA K 116　水道用硬質塩化ビニルライニング鋼管」で定義している VLP 管（ビニルライニング鋼管）は，「耐食性」を必要とする上水（市水）用の配管としてよく使用される. 一方，その耐食性能から冷却水配管での使用例もたくさんある.

　JIS 規格には，サイズ，寸法，基本性能，用途に加えて耐熱温度と耐圧力も記載されている（表 1-1-1）.

　この規格での使用温度は，− 5 〜 +40 ℃ となっている. 40 ℃ というのは，一般的な室内や地中埋設ではなく屋外での露出配管を考慮したものと理解できる.

　結構高い温度まで使用することができるが，一方，「理科年表」には，常用耐熱温度として「60 〜 80 ℃」の記載がある. また，「熱変形温度」として，「18.6 kg/cm² : 60 〜 76 ℃，4.6 kg/cm² : 57 〜 82 ℃」が記載されている. 単純な耐熱温度はかなり高いよう

表 1-1-1　VLP 鋼管の「温度と圧力性能」（JIS JWWA K 116（抜粋））

| 温度と圧力性能 | |
|---|---|
| 使用温度 | − 5 〜 40 ℃ |
| 最高圧力 | 1.0 MPa |

だが，満水・加圧時などの実際の使用状況では「50 ℃を超える温度での使用は避けなければいけない」と，いうことだろう！

　給湯用「貯湯槽」の給水管に使用する場合では，給水が流れていないときには「配管の温度上昇」があることから「耐熱性能がある管材を使用すること」は，一般常識化しているが，熱回収型冷凍機および吸収式冷温水機の「機器まわりの冷却水配管」について耐熱性能が必要であることは，広く一般に周知されているとはいえない．

## ● ナイロンコーティング鋼管

　同じく上水用の耐蝕管材として利用されている「ナイロンコーティング鋼管」だが，連続使用温度としては「− 25 〜 ＋ 60 ℃」としているメーカーと「0 〜 60 ℃」としているメーカーがある．また，性能試験として「60 ℃ × 6 か月，80 ℃ × 1 か月」の試験に耐える試験データを表記しているメーカーもある．

　耐熱特性があると見られがちなナイロンコーティング鋼管だが，「60 ℃以上の使用は好ましくない」というのが，本音のところだということである．

■ NOTE

## 1.2 冷媒 "ガス欠" 運転による暖房不調が改善されない！

「エアコン用の先行配管」とは,「なんて気の利く」オーナーと思っていたのに,飲食店の開店後に「空調不良」が頻繁に !!「どうした !!」,「原因は ??」果たして何だろうか？

先行配管の外観だけを信じて,悲惨な結果を生んでしまった.

冷媒配管にとっての「異物混入」は致命傷を招く恐れが高く,絶対にあってはならない.

### ■ 現象

テナントビルの店舗用エアコンが「新装開店」,使用中にたびたび暖房が不調となる.

「エラー表示」や「急に停止」するわけでもなく「なんとなくエアコンの効きが悪い」このような状態が続き,施工者に調査を依頼したところ「ガス欠(冷媒量の不足)運転」の症状に似ており,冷媒ガスの補充をすると症状が治まる.

竣工直後でもあり,施工・調整時に「ガスが漏れたのか？」とそのときは推量した.

ところが,「処置後も再発」したことから,ガス漏れが継続している可能性(よくあるトラブル例で,現場の担当者が判断)があることから,細部にわたってメーカーとともに調査した.

① 室内機・室外機・配管部に分けて窒素加圧によるガス漏れ検査を行ったが,すべて問題なし.

② 室内機・室外機を分解調査したが,配管類のガス漏れ及び機器に問題はなかった. そこで,「念のため」冷媒ガスの「成分分析」をしたところ,多量の水分が認められた.

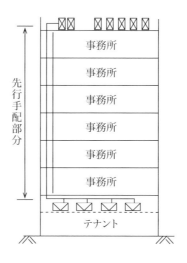

図 1-2-1　建物概要

## ■ 原因 ●●●●●●●●●●●●●●●●●●●●●●●●●●●●●●●●●●●●●●●●●●●●●

　冷媒ガスに含まれた水分が，膨張弁で凍結し冷媒経路を塞ぐことから冷媒ガスの循環が停止する．このため「ガス欠運転」の状態に至ったと判断した．

　事後の現場ヒアリングでは，

① 機器は新品ではあったが，建物は建築後2年程度経過していた．

② 冷媒配管は「竣工後の施工性を考えて先行配管」されていた．

③ 端部の養生が十分ではなかった．

　冷媒配管の先端を「簡易なキャップ＋テープ」程度の措置では「長期保存」に対して水分の侵入はまぬがれない．空気中の水分が侵入したことによる「膨張弁での水分凍結」と断定した．

　図 1-2-2 で「メーカーの工事注意点（例）」にあるように，施工中の配管の封止はロウ付けによる方法以外は認めてはいけない．また，「明日，続きを施工するから…！」などの安易な誘惑にも毅然とした態度で「基本ルー

ルを厳守！」しなければならない．本事例は「まさかそんなことは起こらないだろう」という思い込みが，招いた結果である．

## ■ 改善策 ·········································································●

　配管内の水分管理は，施工後の安定した運転を維持するためには欠かせない事項である．とはいえ，配管の施工中には雰囲気中の空気が保有する水分が多少なりとも侵入することは十分ありうる．そのために

① エアコンの冷媒配管管路には，乾燥材を封入した「乾燥器」を内蔵している．

　そのうえで，

② ロウ付け作業は，窒素パージで行うこと．

③ 配管施工後，すぐに機器との接続をしない場合には，配管の両端をロウ付けにてシールすることをメーカーは「工事上の注意点」として挙げている（図 1-2-2 参照）．

---

### ・ロウ付け作業と留意点

　冷媒回路内部に異物（酸化スケール、水、ごみなど）が、混入しないよう最新の注意・管理を実施する必要があります。

1. 雨の日に室外冷媒配管工事をしないでください。
2. 必ず無酸化ロウ付けをしてください（窒素を使用ください。酸化防止剤は使わないでください）。
3. 冷媒配管を施行後、すぐに機器と接続しない場合は、配管の両端をロウ付けにより、シールしてください。

---

図 1-2-2　メーカーの工事注意点（例）

今回の事案では，万全を期すために

① 冷媒配管の配管洗浄を実施（洗浄用の冷媒にてフラッシング作業）
その後，

② 真空乾燥後，耐圧・気密（24 時間の圧力管理）試験を実施

③ 空調機内部の配管・装置は，細かい配管類が複雑に入り込んでいることから「水分を取り切れない可能性」があるということで機器は本体ごと取り換えをした．

ちょっと気を抜いたがために，これほど大掛かりな改修・手直しが必要になるお手本のような事例である．

## ■ 教訓 ••••••••••••••••••••••••••••••••••••••••••••••••••••••••••

配管工事といえば「冷媒配管」を指す．ちょっと極端かもしれない，近年の趨勢を表してはいないだろうか？　延床面積 10000 m² 程度のビルでもオール個別空調機器で施工される時代である．

技能講習を 2 日程度受講しただけで，もう一人前だと錯覚してしまう！だれでも簡単に，そして，容易な設置が売り文句のエアコン設備であるが，致命的な落とし穴があることを忘れてはいけない．

冷媒配管と水分，アンモニアを冷媒としていた時代では，「微量」の水分では大きな問題は出ないとしていたが，フルオロカーボンが主体となった現代では，水分は最大の敵とみなされており，「冷凍機械責任者試験」では，定石の位置を確定している．

フルオロカーボンは水分を溶解しないため，少量の水分が入っても加水分解によって酸が発生し金属を腐食させ，装置に悪影響を与える．氷結による影響も見逃せない．肝に銘じておきたい．

[コーヒーブレイク]

● 吹出しとの温度差で「ガス欠を推論する!?」

　市販のデジタル温度計でセンサを使用できれば，エアコンの「吸込口」と「吹出口」など，ピンポイントで温度を知ることが可能である．

　そして，その温度差が小さいほど，「冷房の能力が出ていない」ことを示しているので，「一因として」冷媒ガスの充填量が少なくなっていることの証ともいえる．

　たとえば，冷房時では温度差が13 ℃以上あれば「冷媒ガスは正規の量が充填されている」，「能力が出ている！」と，推論ができる．したがって，冷房も効いているでしょう！

　しかし，温度差が半分程度の7 ℃ならば冷媒ガスの量は50 % 程度，2 ℃以内では4分の1程度しか充填されていない（冷媒の有効な循環量の確保）と簡易的に推量される．この説明は三段論法的だが，冷房能力の確認手法として保守の現場ではよく利用されている．

　ただし，その他の要因も調査・確認することが大切なので「季節の状況」，「時間的な変化」，「五感による異常確認」などの各種情報について「専門家」を交えた要因の解明を行ったうえでの判断が必要である．表1-2-1 に「エアコンの吹出温度差」（試算例）を示す．

表1-2-1　エアコンの吹出温度差（試算例）

| 冷房能力 [kW] | 風量 （急）[m³/min] | SA （推定）[℃] | 室温との差 [℃] |
|---|---|---|---|
| 2.90 | 12.5 | 15.2 | 10.8 |
| 3.62 | 14.5 | 14.9 | 11.1 |
| 4.51 | 15.5 | 14.1 | 11.9 |
| JIS 条件の能力からWB16 ℃に換算 | | 95 %RH との交点として | 室温：26 ℃として |

　空調の効きが悪いと感じて修理依頼をする場合にも，「吹出しと部屋の温度差が5℃くらい」である．このように「数字で説明」ができれば，相手の理解も速やかである．「具体的な事象の説明」ができるかできないかで，相手の印象も異なり「業者の事前準備」も変わってくる．

　デジタル温度計等を活用して「数字で事実を確認」することは，設備技術者としてのトレーニングとしても「良い教材」となる！

　不具合事象の状況判断には，その傾向がわかれば修理・手当の方法も異なり，お互いにメリットがある．

## （参考：冷媒配管工事の施工要領・注意事項（例））

### ・ロウ付け作業と留意点

　冷媒回路内部に異物（酸化スケール、水、ごみなど）が、混入しないよう最新の注意・管理を実施する必要があります。

1. 雨の日に室外冷媒配管工事をしないでください。
2. 必ず無酸化ロウ付けをしてください（窒素を使用ください。酸化防止剤は使わないでください）。
3. 冷媒配管を施行後、すぐに機器と接続しない場合は、配管の両端をロウ付けにより、シールしてください。

### ・配管の養生

・工事期間中、配管への「水分の侵入」や「ごみ・ホコリ」の混入を防止するために下表に基づいて配管の養生を行ってください。

| 場所 | 工期 | 養生方法 |
|---|---|---|
| 屋外 | 1カ月以上 | ピンチ |
| | 1カ月未満 | ピンチまたはテーピング |
| 屋内 | 問わず | |

・既設エアコンの室内機と室外機が取り外されている場合は、配管の洗浄をおこなってください。（雨水や空気の侵入、配管内部の腐食などの可能性があります）

・冷媒漏れによる故障や冷媒を追加したことがある場合は、新しい配管に交換してください。

・気密試験方法/真空乾燥方法（例）

**＜気密試験方法＞**

液閉鎖弁・ガス閉鎖弁のサービスポートより4.0MPaまで加圧(4.0MPaを超えないこと)し、24時間で圧力降下がない場合は合格とします。気密試験時は、周囲温度が1℃低下すると圧力が約0.01MPa低下しますので補正を行ってください。

圧力降下がある場合は漏れ箇所のチェックを行い、修正後、再度気密試験を行ってください。

**＜真空乾燥方法＞**

・液閉鎖弁・ガス閉鎖弁のサービスポートより、真空ポンプで2時間以上、660Pa [abs] (5Torr) 以下まで真空引きを行います。その後、真空ポンプを停止して660Pa [abs] (5Torr) 以下で1時間以上放置し、真空ゲージの値が上昇しないことを確認してください。

上昇する場合は、冷媒配管内に水分が残っているか、漏れ箇所があります。

・梅雨時の工事・工期が長く配管内に結露のおそれがある場合や、工事中に配管内に雨水などが入るおそれがある場合など、配管内に水分浸入のおそれがある場合は以下の手順にしたがってください。

　　①真空乾燥を2時間行ったあと、**窒素ガスで0.05MPa【ゲージ圧】(50,000Pa)まで加圧(真空破壊)し、その後1時間真空ポンプで660Pa [abs] (5Torr)以下まで真空引き(真空乾燥)を行う。**

　　②2時間以上真空引きしても660Pa [abs] (5Torr) 以下に到達しないときは、真空破壊～真空乾燥を繰り返す。

　　真空乾燥後1時間以上放置し、真空ゲージの値が上昇しないことを確認する。

［出典］ダイキン工業株式会社「据え付け説明書・冷媒配管工事施工要領書」
　　　他より引用・作成
　　　（https://www.free.dtnet.daikin.co.jp/DT-NET/DownloadContents）

■ NOTE

# 1.3 カセット型 FCU の吹出口が結露

空調設備の代表的な機器であるファンコイルユニット（以下 FCU と略す）は，その手軽さゆえにトラブルの事例も多い．

エントランスホールのカセット型 FCU，その吹出口で結露を起こした．というのはどこにでも起こりうる事例である．

室内空気の状況解析と空調機性能を具体例な数値で示し，ミクロな視点で結露現象をわかりやすく解説する．

## ■ 現象

事務所ビル 1 階エントランスホールのカセット型 FCU の吹出口グリルから漏水した．当該のカセット型 FCU は省エネへの対応から「運転停止中」であった．

ビル全体としては「業務中」であるが，エントランスホールは「比較的人の出入りが少ない」ため，省エネの観点に鑑みて FCU のファンを停止していた．

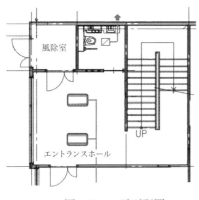

図 1-3-1　平面配置

図 1-3-2　FCU の断面図

## ■ 原因 ●●●●●●●●●●●●●●●●●●●●●●●●●●●●●●●●●●●●●●●●●●●●●●●●●●●●●●●●●●●●●●●

① 当該の FCU は停止中であるが, 熱源設備からの冷水は「通常通り」循環している. エントランスは「比較的人の出入りは少ない」が, 出入口扉の開閉は必ずある (業務中のため).

② メーカーの技術資料から (表 1-3-1) に冷房能力を示し, "通常運転中" の FCU の吹出空気温度 (SA) を算出し, 図 1-3-3 に記す.

表 1-3-1　FCU の冷房能力 (例)

・冷房能力 (26 ℃ DB × 18.7 ℃ WB)

| 出入口温度差 | 機種 | 冷水温度 7 ℃ | | | 冷水温度 8 ℃ | | |
|---|---|---|---|---|---|---|---|
| | | 全熱能力 | 顕熱能力 | 水量 | 全熱能力 | 顕熱能力 | 水量 |
| | | kW | kW | L/min | kW | kW | L/min |
| 5 ℃ | # 400 | **3.54** | **2.82** | **10.2** | 3.12 | 2.65 | 9 |
| | # 600 | 5.08 | 4.11 | 14.5 | 4.23 | 3.66 | 12.2 |
| | # 800 | 6.97 | 5.56 | 20.1 | 6.2 | 5.02 | 17.8 |
| | # 1000 | 7.9 | 6.33 | 22.8 | 6.6 | 5.52 | 19.1 |

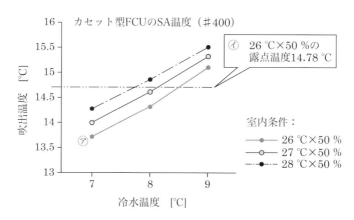

図 1-3-3　FCU の吹出空気温度

表1-3-2　FCUの吹出温度(コイル出口をRH95%として)

| 室温 | 冷水温度 [℃] | | |
|---|---|---|---|
| | 7℃ | 8℃ | 9℃ |
| 26℃ | ㋐　13.71 | 14.31 | 15.1 |
| 27℃ | 13.99 | 14.61 | 15.32 |
| 28℃ | 14.27 | 14.86 | 15.51 |

ここからわかることは以下の通りである

A:通常運転時

㋐　室温が26℃×50%で,冷水温度が7℃の場合には,13.71℃のコイル出口温度である.

㋑　このとき,室温26℃×50%の空気の露点温度は14.78℃であるから,「コイルを通過する空気が室温の露点温度よりも低く」,その差は1.07℃である.

㋒　その結果,吸い込まれた空気がコイル部分で凝縮し,凝縮水がドレンパンに流れ落ちる.すなわち室内の空気がここで除湿される.これが,通常運転時の動きである.


B:ファン停止時

㋓　コイルを通過する風量は「限りなくゼロに近い」状態である.通水中であることからコイル周辺の空気が冷却されてドラフト(圧力差に起因する空気の流れ)が発生することは事実であるが,交換熱量も「その場の成り行き」であることから「冷やされて降下する空気の温度」は特定できない.

㋔　しかし,冷水コイルの影響(冷水は通常の水量が流れ,風量は極小の状態)を受けることから「かなり冷水温度に近い」温度であることは推定できる.

C：結露・漏水

　　ここで，「吹出口グリルから結露・漏水がある」ことは，低温の空気が
流路・吹出口を冷却することで，表面結露が発生したと推定できる.

㋕　吹出口の形状や空気の流路・雰囲気の空気の状況等によるが，結露の
　発生は室内への水分の供給（外気の侵入など）が限定的であれば，部分的
　な結露の発生で終わる.


D：継続的な結露

　　結露が継続して発生するには，水分の持続的な供給が必要である. 水
　分の供給源の第一は「外気の侵入」である. 結露水が落下して床面を濡
　らすような事態があれば，「まずは外気の侵入を疑う！」ことが「第一原
　則」である.

㋖　また，冷水コイルと FCU を構成する部品・筐体（ケーシング）は熱的
　に完全な断熱状態ではありえない. 長時間・24 時間運転などでは，時
　間の経過とともに筐体の外表面までも「低温化」することは，よくある
　現象である. 筐体の表面が結露した場合には，外表面から天井へ結露水
　が落下することになる. よくある天井のシミは，このような事例の一つ
　である. 天井内への水分供給がない場合には大きく拡大しないが，外気
　の侵入がたやすい 1 階などでは広範囲にわたることがよくある. 場合に
　よっては，天井材の落下という事故につながる.

㋗　ここで，一定量の外気が侵入する場合を考えてみる. 解析を単純化し
　て一定割合の外気と室内空気の混合とする. このとき室内空気の露点温
　度も変化する. 図 1-3-4 に外気の混入割合と室内の露点温度の関係を示
　す. 室温 26 ℃× 50 ％の空気の露点温度は 14.78 ℃で，仮に室容積の
　20 ％が外気だとすればそれよりもおよそ 2 ℃高い 17 ℃が露点温度と
　なるので，吹出口での結露発生は確実となる. 継続して外気の混入があ
　る場合には，結露は増大し，やがて水滴の落下・水漏れへとつながる.

メーカーの取扱説明書にもファン停止と通水についての注意事項が記載されている（参照：図 1-3-5 取扱説明書）

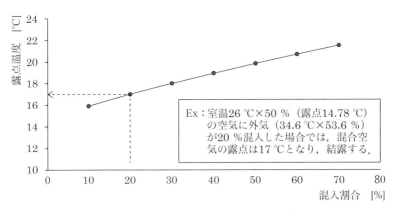

Ex：室温26 ℃×50 ％（露点14.78 ℃）の空気に外気（34.6 ℃×53.6 ％）が20 ％混入した場合では，混合空気の露点は17 ℃となり，結露する．

図 1-3-4　外気の混入割合と露点温度

《 露付きの防止 》
　ファンを停止したままで通水すると，ユニットの内部が結露して結露水が滴下する恐れがあります．ファンの停止時は，弁を閉止して通水しないでください．また，「開閉の頻繁な扉」，「換気窓の開放」，「蒸気の発生源」近くに設置すると，本体の表面に露がつく恐れがあります．
　JISに定められた結露条件にて結露水が滴下しないことを確認しています．
　下記の条件よりも厳しい条件で使用し結露水が滴下することがあります．

| 項　目 | 試験条件 |
|---|---|
| 冷水入口温度 | 5 ℃ |
| 吸込空気条件 | DB27 ℃× WB24 ℃× RH78 ％ |
| 運転 | 低速運転で4時間連続の運転 |

図 1-3-5　FCU 取扱説明書（例）

## ■ 改善策 ········································································· ●

① 省エネなどのために FCU を停止するときは，結露を防止するために
冷水が流れないようにすることが必要で，必要な位置に遮断弁（電磁弁
または電動弁）を設置する．

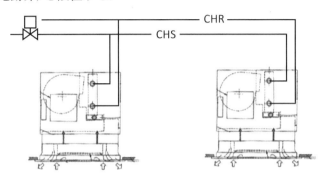

図 1-3-6　冷水遮断弁システムの概略

② 多層階のビルや多数の部屋を FCU によって空調している場合には，
図 1-3-7 に示すように「FCU の運転と連動した遮断弁の設置」が必要
である．

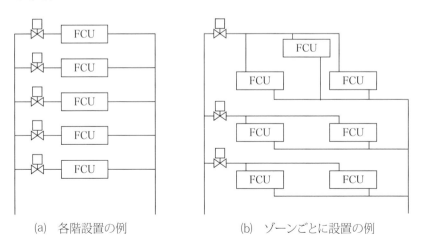

(a)　各階設置の例　　　　　　　　(b)　ゾーンごとに設置の例

図 1-3-7　FCU 遮断弁の設置例

## ■ 教訓 ･･･････････････････････････････････････････････････ ●

　手軽で簡単な空調設備の FCU であるが，FCU 単体でその機能が発揮できているわけではない．熱源機器や熱源の搬送設備・自動制御設備・換気設備・給排水設備などとの連携が取れてこそ，その機能を発揮できることを忘れてはならない．

　そのためには，完成図書として納品されている「機器完成図」，「完成図（竣工図）」と「取扱説明書」の当該箇所（熱源・熱搬送・自動制御など）をしっかりと理解できるまで熟読することである．

　また，汎用の機器では，いろいろな機種に共用できるような記載法がとられていることから，当該機種には備わっていない機能までも記載されている．注意が必要である．

　保守・管理を適正に行うことで，良好な環境の維持と適正なコスパ状況を保全するためにも設備管理者のシステム全体への理解が求められる．

[コーヒーブレイク]

出入口扉の開閉以外にも，サッシの隙間などから，気圧の差や温度差などによる外気の侵入は，「少なからずある」と想定できる．

**エントランスホールでの空気のやり取り**

① 出入口からの外気の侵入を防止する工夫として，「室圧の維持」は有効な方法である．これは，厳密な圧力制御ではなくとも，部屋の容積・出入口扉の種類／サイズ・季節風の方向などを考慮して，適当な風量差をつけて「エントランスホールのエアバランス」を計画することが有効である．百貨店などの大規模な事例では，1000 m³/h 程度の余剰空気を供給している事例がある．

② 一般のビルでは，1階のトイレ・物置などの排気は常時運転している場合がある．この場合，出入口扉が閉鎖している場合でもエントランスホールが負圧となることはよくある．換気を含めた，室内全体のバランスをとることが必要である．

外気の侵入に対しては，エアバランスの確認と余剰空気の供給で対応することが必要である．

③ 入口に設置される自動ドアは，引き戸型が大半である．これは，その構造上「隙間がなければ，スムースには動かない」．したがって，「外気の侵入があることを前提」として対応することが必要である．

# 1.4 ファン INV 故障で空調機から漏水

　送風機のエネルギー消費は，流体力学的には「流体の搬送動力エネルギーは，流量の 3 乗に比例して増減する」としている．流量は回転数に比例するので，電動機の回転数を下げる（周波数を下げる）と，その 3 乗に比例して消費電力が削減される．

　例えば，回転数を 20 % 下げると，0.8 × 0.8 × 0.8 = 0.512 となり，消費電力が 48 % 削減される．現実的には，各所のロスや効率低下が影響することで，そこまで省エネの期待はできない．

　省エネ効果が期待されるインバータ装置が故障したときに，どのような対応をしておくのか・・？　近年手軽に使用されるインバータ装置のトラブル対応について解説する．

## ■ 現象

　図 1-4-1 に示す空調機から，夜間に水漏れがあった．かなりの量の水が，機械室からあふれ，周辺の廊下などに流れ出た．

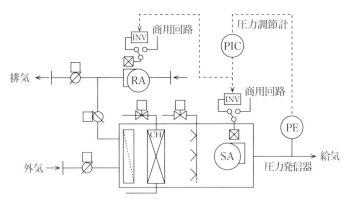

図 1-4-1　空調機系統・計装図

## ■ 原因 ••••••••••••••••••••••••••••••••••••••••••••••••••••••••••

　空調機の給気ファンと還気ファンには，インバータが設置されており「多数の部屋の要求に応じた風量」を送気・還気している．送気量と還気量は連動して動作し，室内のエアバランスを維持している．

　トラブルの発端は，「空調機のインバータ故障」であることが判明した．動作の順を追って説明する．

① 　空調機ファン用のインバータが故障

② 　当該インバータが自動的に「商用運転の 60 Hz」へと切り替わった．
　　故障前はインバータによって，回転数が制御されていた．仮に 80 %とすると，48 Hz となる．

③ 　還気ファンは，故障前の制御状態であり「80 %で運転を継続」している．

④ 　空調機と還気ファンの風量バランスが崩れ，「空調機内の負圧が増大」された状態となり，機内のドレン水が排水できずにドレンパンからあふれ出始める．

⑤ 　夜間の空調機停止で，溜まっていたドレン水が一気にあふれ出した．

## ■ 対策 ••••••••••••••••••••••••••••••••••••••••••••••••••••••••••

　連動運転しているファンにインバータを設置している場合，一方が故障した場合の対策例を次頁に示す．

A案：給気ファンと還気ファンの操作回路に停止インターロック回路を追加

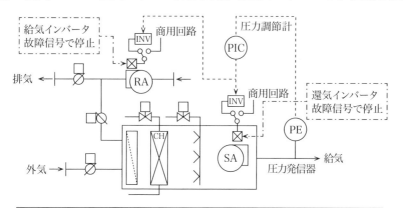

本事例ではインバータの故障で，一方だけが自動的に商用回路に切り替わっているが，双方の回路に停止インターロック回路を追加して，復旧するまで停止する．

図 1-4-2　給気・還気ファンにインターロックの設置

B案：インバータ故障により，給気・還気共に商用回路に切り換え

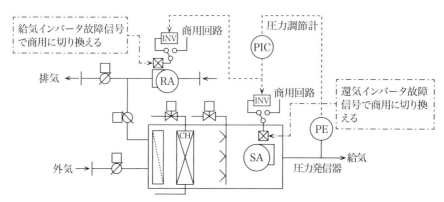

空調機の連続運転が必要な場合は，インバータ故障信号にて同時に商用回路に切り換え，運転を継続する．結果として各室には過剰な送風量になることを理解しておく必要がある．

図 1-4-3　ＳＡ・ＲＡ共に商用回路に切り換え

## ＜対策の考え方＞

　設備を安全に運用することが優先であるから，電気的な原因で発生した故障は，その原因が明確になるまで A 案のように停止することが望ましい．インバータの故障の原因が何なのかを調査しなければならないので，B 案はどうしても止めたくない場合の応急的な処置である．

■ **教訓** ·················································•

　インバータの故障によるトラブル事例である．従来通りの定期的な保守・保全をしていても機器の故障をなくすことはできない．ただし，少なくすることは可能である．つまり，予防保全である．

　中央監視装置を設置して，遠隔での発停を行っている場合に利用可能な手段として，延べ運転時間による保全管理が有効な手段となりうる．

　ビルや工場の設備管理において，最新技術の活用について各種検討・協議されている．現場の担当者間では「予知保全」を採用して，トラブルの発生に至らないような提案がよくなされるが，投資効果の評価が難しいことから投資優先の順位は低くなり採用されないケースが多く存在している．その挙句にトラブルに遭遇してその必要性を認識しても反省は一過性で終わっていた．

　しかし，最近では IoT に必要なセンシング技術が進化した結果，工場管理はもとより．ビル管理業務にも有効な手段として取り入れられる傾向にある．設備管理の業務の積み重ねで得られるデータが「予知保全」につながることが期待される．

　予知保全では，故障の兆候を検知すれば，保全の措置をとる．人命にかかわるような被害が予想できる「航空機産業」．サプライチェーンへの影響を考慮すれば，自社の操業を停めることができない「自動車産業」．このような場合などに該当する重要な装置・設備には欠かせない，期待される技

術である.

このように，最新技術はますます進歩するが，その基本的なロジックを構成できる技能は，日々の業務で培われる日常の「観察力」である.

## ［コーヒーブレイク］

この事例では，「空調機が継続して運転ができる」ことを主眼に対応を考えているが，建物の用途が異なれば，その対応も当然のように変わってくる.

例えば，病院の感染系用途のような場合では，室圧管理が重要となる．安易に運転を継続するのではなく,「弊害の発生の有無」を優先的に考えることが必要である.

人命や被害の大きさなどから「予防保全」の考え方を取り入れて，日ごろから準備しておくことが必要である.

また，インバータには寿命がある．トラブルとなる前に,「計画的な更新」を考えなければならない.

次図は，いわゆる「バスタブカーブ」である．基本的には，この考え方をベースとして，特殊事情を勘案して「予防保全」の計画を立てる.耐用年数を超えない範囲の間に更新の計画を立てなければならない.

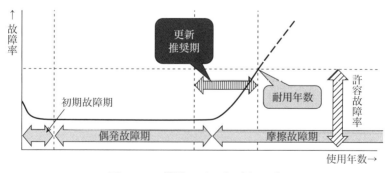

図 1-4-4　機器のバスタブカーブ

　また，インバータの寿命診断も現在の技術を使えば可能である．各メーカーが推奨する手法で，余寿命や部品交換の目安が判断できる．担当する機器・装置についての予防保全計画を作成する際の参考にできる．

表 1-4-1　インバータ寿命診断（例）

**| インバータ寿命診断**

**■ 寿命診断機能**

主回路コンデンサ、制御回路コンデンサ、突入電流抑制回路の劣化度合いをモニタできます。
自己診断により、部品寿命の警報を出力できるため、故障前に部品やインバータの交換が可能です。

| 項目 | 寿命診断方法 | 判定レベル | 交換方法 |
|---|---|---|---|
| 主回路コンデンサ | パラメータを設定し、モータが接続された状態で停止中に電源をOFFすると、モータに直流電圧を印加し、コンデンサ容量を測定します。 | コンデンサ容量 出荷時の85%以下 （寿命10年） | 当社アフターサービス部門で交換 （お問い合わせください） |
| 制御回路コンデンサ | 通電時間と温度から計算し、100%からカウントダウンします。 | コンデンサ寿命 残寿命1年以下 （寿命10年） | |
| 突入電流抑制回路 | 接点のON回数をカウントし、100%からカウントダウンします。 | ON回数 90万回以上 （寿命100万回） | |
| 冷却ファン | 冷却ファンの回転数を常時監視し、速度低下を検出。 | ファン回転数 50%以下 （寿命10年） | お客様で部品交換 |

［出典］三菱電機株式会社ホームページより
（https://www.mitsubishielectric.co.jp/fa/products/drv/inv/pmerit/prevention/prediction.html）

　汎用インバータの普及は，2000 年ごろには「国内向けだけでも100 万台／年」を出荷しており，あらゆる用途に使われていることが図 1-4-5 からもよく理解できる．

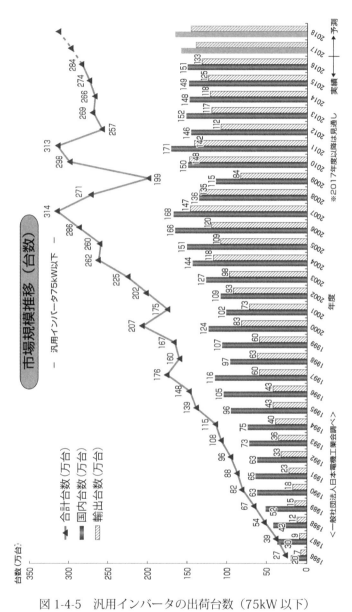

図 1-4-5　汎用インバータの出荷台数（75kW 以下）

[出典] 一般社団法人日本電機工業会ホームページより
　　（https://www.jema-net.or.jp/jema/data/S5200（20171122）.pdf）

　このような普及の実態から汎用インバータの劣化トラブルが増えてくることは，容易に推測できる．

　これからは，インバータの劣化診断や故障予知が欠かせない時代の到来である．

　表 1-4-2 に定期点検と部品交換の目安を示す．

表 1-4-2　インバータの定期点検・部品交換の目安

表１. インバータの定期点検・部品交換の目安（「汎用インバータの定期点検のおすすめ」より抜粋）

| 部品名 | 点検項目 | 点検周期 | 標準交換年数 | 交換方法・その他 |
|---|---|---|---|---|
| 冷却ファン | 異常振動、異常音が無いか | 日常 | 2～3 年 | 新品と交換 |
| | 接続部の緩みはないか | 1 年 | | |
| | エアフィルタの清掃 | 1 年 | | |
| 平滑コンデンサ | 液漏れはないか | 1 年 | 5 年 | 新品と交換 |
| | へそ(安全弁)は出ていないか、膨らみはないか | 1 年 | | |
| リレー | 動作時にビビリ音はないか | 1 年 | － | 調査の上決定 |

[出典] 三菱電機株式会社 INV テクニカルニュースより
　　　　(https://www.mitsubishielectric.co.jp/fa/document/technews/inv/mf-j-093/mfj093b.pdf)

# 1.5 外調機のドレンパンから漏水

個別分散型の空調システムでは，階ごとの外気処理機（外調機）を天井内に設置することが多い．一般的には，天井内に設置する機器は機械室や目につく個所に設置されたものに比べて保守・点検がおろそかになりがちである．加えて，「点検口を介してしか保守できない機器」はなおさらである．

天井内設置の外調機トラブル例から見える，「保守の重要性」と「構成部材の機能維持」について，最新情報を交えて解説する．

## ■ 現象

天井隠ぺい型の外気処理空調機のドレンパン（結露水を受けて溜める皿）からコイルの結露水が溢水（オーバーフロー）して，天井内で水が漏れた．

## ■ 原因

コイル直前に設置されたフィルタ（サランネット製）を通過した埃などが，コイル部分，特にコイルの下部に長期にわたって付着・蓄積したために，コイルの結露水がドレンパン内に収まらず，毛細管現象などによってドレンパンの外部に流れ出た．

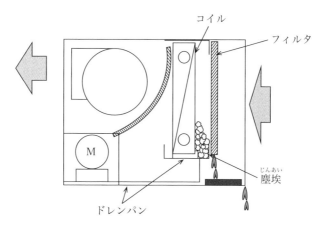

図 1-5-1　外調機の断面

## ● サランネットフィルタとは

　サラン®（ポリ塩化ビニリデン系繊維）をネット状に織ったフィルタはプレフィルタやエアコンのフィルタとしてよく使われるが，やや粗大な粒子の除去が目的である．市販品のサランネットフィルタの集塵効率は重量法の 20 〜 40 ％程度であり，JIS で規定する試験粉塵の概略粒径は 10 〜 20 μm としている．（表 1-5-1 参照　JIS Z 8901 15 種）

　サランネットフィルタは「酸・アルカリ・油に強く，吸水性・吸湿性がない．洗浄性が良いため再生が容易である」という特徴がある．

表 1-5-1　フィルタの種類（抜粋）

| フィルタの種類 | プレフィルタ | 中性能フィルタ | HEP フィルタ |
|---|---|---|---|
| 効率測定法 | 質量法 | 比色法 | 計数法 |
| 対象の大きさ | やや粗大な粒子 | やや微細な粒子 | ごく微細な粒子 |
| 試験規格例 | JIS B 9908 形式 3 | JIS B 9908 形式 2 | JIS B 9927 |
| 試験粉塵 | JIS Z 8901 15 種 | JIS Z 8901 11 種 | 分散エアロゾル |
| | 概略粒径 10 μm | 概略粒径 2 μm | 概略粒径 0.3 μm |
| 効率他 | 20 〜 90 ％以上 | 60 ％以上／ 90 ％以上 | 99.97 ％以上 |

## 本当の原因

サランネットフィルタに代表される「プレフィルタ」だけでは微細な塵埃は捕集できない．かといって，中性能以上のフィルタを設置すれば，集塵性能は向上するが「捕集した集塵が流路の抵抗となり，風量の低下」が懸念される．フィルタの性能に依存するのか，フィルタ＋こまめな保守（定期的な洗浄など）で性能を維持するのかが問われる．

コイル直前のサランネットフィルタだけでは取り切れない塵埃の一部がフィルタを通過してコイル面に付着する．当該案件では，竣工後6年を経過しているがコイル面の清掃・洗浄は，今まで実施していなかった．これが本質的な原因である．

## ■ 改善策 ●●●●●●●●●●●●●●●●●●●●●●●●●●●●●●●●●●●●●●●●●●

コイル部分の清掃とともに捕集効率の高いフィルタ（フィレドン＃300などの中性能以上のフィルタ）に交換することで，塵埃の堆積を減少させることが可能である．ただ，フィルタ性能を上げることでフィルタ部での圧力損失が増加する．ひいては，空調機の風量不足を引き起こす可能性があることを認識しておかなければならない．

中性能フィルタ以上の設置で，塵埃の減少はかなり期待できるが，フィルタを通過する細かな塵埃のすべてを除去できないので「フィルタ・コイルの定期的な清掃」はまぬがれない．「フィルタ・コイル清掃の必要性」を管理者に伝え，定期的な清掃を依頼することが重要である．

## ■ 教訓 ···································································•

　フィルタは目詰まりする．細かな埃は，簡易なフィルタをすり抜けるので「コイルの定期的な清掃は欠かせない」．したがって，定期的な保守・点検・清掃は必須の整備事項であり，省略することは機器の寿命にも影響を与えるとされている．

　ひるがえって，製造者は「ノーメンテナンス」をうたった製品を量産化している．小型・軽量・高性能・廉価など，様々な宣伝文句が消費本能をくすぐる．加えて，目障りとばかりに狭い天井内に「必要以上にテンコ盛りにされた」設備機器たちが押し込まれている現状がある．

　暖を取る設備に暖炉がある．その風情から，愛好家も多いと聞く．暖炉に煙突はつきものである．また，その間口はかなり広くて，薪棚のたたずまいも「調度品」として，その場所を確保している．穏やかな熱放射が目にも優しい．

　求める性能の必要性から生まれた「機能美」として，本体だけではなく付属品・消耗品・補充品までもが家具のように設置場所を確保されている．機械・器具に必要な性能，その性能を発揮するために備えたい環境（保守・消耗品をも含めて），これらが備わって始めて「本来の機能」を十分に活かすことができる．

　設備管理者としても，空調設備の専門家の役割を理解し，その性能を維持するために必要な環境の整備に日々改良・改善を重ねていただきたい．

　定期的な保守・点検・整備とは，必要な設備機器の機能を理解して適正に管理・改善することである．空調設備の専門家としての提案としてその技術を有効に活用いただきたい．

［コーヒーブレイク］

　天井内は想像以上にこみ合っている．建築の吊り金物・設備のダクト・配管・電線・消火設備他，さらに，竣工後に取り付けることが多いセキュリティー設備や通信設備など．そんななかのエアコンがつぶやいている．

● エアコンの独り言！

　空調のシステムとして，個別分散化の傾向は周知のとおりである．比較的大規模の建物にも採用されており，その勢いはとどまるところを知らない．

　一方，個別分散された「機器たち」は，「目障り」とばかりに天井内に「隔離」されることが多い．トラブルなく過ごせる期間は，その存在さえ気づかれないが「温度不調」や「騒音」，「水漏れ」が発生したとたんに，「ひのき舞台に引っ張り出されて，尋問を受けるがごとく」詰め寄られる．

　いわく

　「なんで，こんなことが起こるのか？」

　「そんなことは，初めに言って‼」

　「初めて聞いた‼　そんな重要なこと！」　などなど…

　時代の変化とともに，空調設備も変わってきた．そして，重要性においても，信頼性・汎用性など空調設備のない空間は考えられない時代となっている．一部を除いては…．

　だからこそ，保守性をしっかりと担保できる機器であり，設置方法であることを「当然の帰結」として，設備関係技術者が主体的に取り組まなければならない．

　天井内に設置する空調機器には「天井点検口の設置」や「ダクトへの点検扉の設置」の必要性が設計書や竣工図にも記載されている．

　ただでさえ狭い天井内空間なので,図面通りに点検口(図1-5-3の
□点線)が設置されていても, 周辺には他の設備がわんさか‼と混
在・往来している.「思っていたよりも作業性が良くない！」ことは
十分に考えられる.

　また,天井高さが高い場合にはさらに作業性が悪化して,「できる
だけ近づきたくない！」なんて思う「保守担当者」の気持ちもよく
わかる.

### ● あったらいいな！

　こんなときに「あったらいいな！こんな機械」と思える品々を探
してみた. 図1-5-2に,工場用エアコンの例を示す.

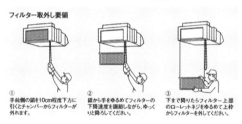
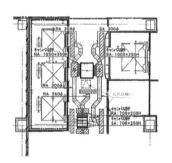

図 1-5-2　手動昇降式フィルタ例　　　図 1-5-3　天井点検口の配置例

[出典] ダイキン工業株式会社「設備用・工場用エアコンカタログ 2021」P. 27

　家庭用・業務用のエアコンの「フィルタの保守性向上」に関して
の新商品の例を示す.

ⓐ 「内部クリーン運転」

　ドライ・冷房運転を行うと,エアコン内部が結露し,カビやニオ
イが発生する原因になりかねない. ドライ・冷房運転後に,毎回自
動でエアコン内部を乾燥させる運転を行う.

ⓑ 「おそうじメカ」

　エアフィルタを巻き取りながらブラシで汚れをかき取る（往復・回転）方式なので，お掃除が早くて，静か！ダストボックスも大容量（図1-5-4　フィルタ自動清掃，図1-5-7　毎日フィルタを自動清掃）．

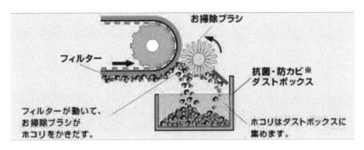

図1-5-4　フィルタ自動清掃

［出典］三菱電機株式会社「ルームエアコン総合カタログ家庭用2020」P. 40

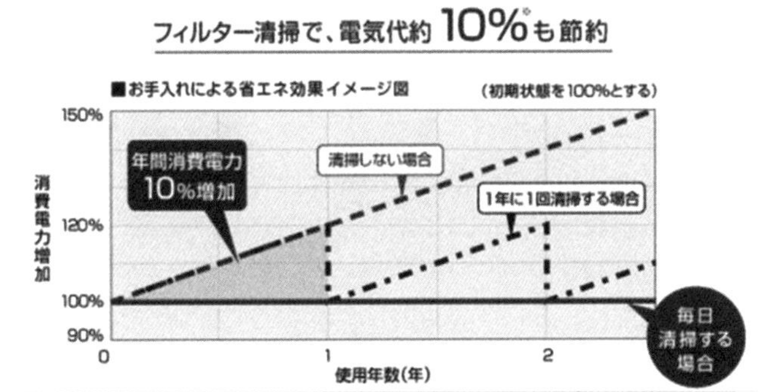

図1-5-5　定期清掃で省エネ効果

［出典］三菱電機株式会社「ルームエアコン総合カタログ家庭用2020」P. 40

ⓒ 「カビクリーンシャワー」

　冷房または除湿停止後のカビ菌がふやけたタイミングを狙ってオゾンを発生させ，少ないオゾンで熱交換器・ファン・通風路のカビ

を効果的に除去する．さらに，エアコン内部を乾燥（加熱）させてカビ菌の成長を抑制する（図1-5-6）．

「冷房」/「除湿」運転中

運転停止後
**カビクリーンシャワーでカビを除去**[6]　（「内部クリーン」設定時）
＊付着してしまったカビ菌による汚れを取り除く機能ではありません。
＊オゾンが発生[7]するため、わずかにニオイを感じることがあります。

 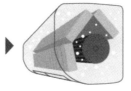 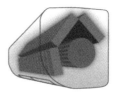

結露水で洗浄
付着する結露水で汚れを外へ洗い流しやすい、独自コーティングを施した熱交換器を採用しています。

オゾンを充満[7]
「冷房」/「除湿」停止直後の、ふやけてやわらかくなったタイミングで、低濃度オゾンを発生。エアコン内に充満させます。

熱で乾燥
湿ったままではカビの成長要因に。内部を加熱乾燥します。
＊エアコン内部を乾燥させるため、最大10分間の弱暖房運転を行います。そのため、室温が2～3℃上がることや、室内湿度が上がることがあります（「冷房」/「除湿」/「ランドリー」運転後）。

イラストはZシリーズ

図 1-5-6　カビクリーンシャワー

［出典］三菱電機株式会社「ルームエアコン総合カタログ家庭用2020」P. 20
　　　　並びにホームページ


ⓓ　「Kirei ウォッチ」（図1-5-7）

　機器内部に取り付けたカメラでドレンパンを週1回自動撮影する．撮影画像は，クラウド上でいつでも閲覧が可能．天井埋込ダクト型では，汚れ度合いの表示，画像解析や変化推移グラフにより直感的に汚れ変化の確認が可能となる．＊一部の機種のみ

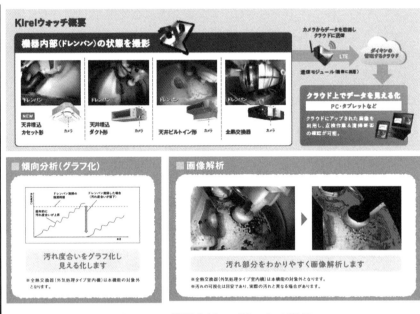

図 1-5-7　機器内部の画像による管理

[出典] ダイキン工業株式会社「Kirei ウオッチカタログ」
（https://www.daikincc.com/fcs/kirei_watch/）

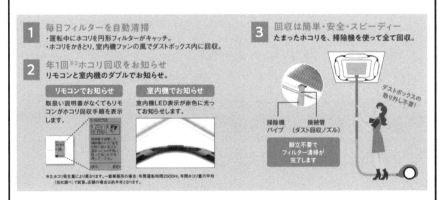

図 1-5-8　毎日フィルタを自動清掃

[出典] ダイキン工業株式会社「スカイエアカタログ 2020」P. 48

　エアコンも機器の冷房・暖房性能（効率・多機能など）だけが商品の価値ではなくなりつつある．保守・保全のための機能も重要な要素であることが認識されてきた．

　次の時代では「環境問題」，さらに SDGs（持続可能な開発目標）へのとらえ方が商品開発の主流となってくる．

SDGs（持続可能な開発目標）実施指針から（抜粋）
　国際社会が新たな課題に直面する中，気候変動や貧困・格差の拡大による社会の分断・不安定化などの地球規模課題に対して，経済・社会・環境の三側面から統合的に取り組み，持続可能な世界の実現を目指す．
［出典］　経済産業省　資源エネルギー庁ホームページより

● 目標 12
　持続可能な消費と生産について（「SDGs 実施指針」平成 28 年12 月より抜粋）
「消費者」
　生産と消費は密接不可分であり，持続可能な生産と消費を共に推進していく必要があるとの認識の下で，消費活動において大きな役割を担う消費者や市民の主体的取組を推進していく．

　特に，SDGs12（生産・消費）の観点からは，消費者が，環境に対する負荷が低く循環型経済への移行に資するなど，持続可能な消費活動を行うことで，持続可能な生産消費形態を確保できるように，健全な市場の実現に加え，経済・社会の仕組み作りと啓発を促進する．

　持続可能な消費と生産とは，資源効率と省エネの促進，持続可能なインフラの整備，そして，基本的サービスと，環境に優しく働きがいのある人間らしい仕事の提供，すべての人々の生活の質的改善を意味します．

　その実現は，全般的な開発計画を達成し，将来の経済，環境，社会へのコストを低下させ，経済的競争力を高め，貧困を削減することに役立ちます．

図 1-5-9　SDGs

［出典］経済産業省資源エネルギー庁ホームページより

　オフィスビルの用途先別エネルギー消費の割合では空調関連（熱源＋熱搬送）が 43 ％で 1 位[*1]である．エネルギーの有効活用といった観点では，最初に取り組むべきターゲットであることに間違いはない．

　とはいえ，「生活の質的改善」も無視できないなかでは，「がまん」にも限度がある．ここで注目すべきは「決まっているから！」，「なんとなく！」，「めんどう！」といった「無気力」，「惰性」で日常業務を済ませていないかどうか，である．

　日常の設備を熟知しているからこそ活かせる技術・情報を活用して，次の世代へ引き継ぎましょう!!

　・「深深夜*2 など，経済活動とエネルギー消費の関係」

　・「外気冷房など，ピーク時以外での効率的な運用」

　・「小型・高効率機器による既存システムの再編成」

　など，このような内容に問題意識をもってチャレンジしましょう！

＊1：省エネルギーセンターカタログ（オフィスビルの省エネルギー）より

＊2：毎日午後11時〜翌日午前7時などの時間帯を指し，割安な電気料金を提供している

## 1.6 コンパクト空調機の排水障害

コンパクト空調機を各階やゾーンごとに設置する空調方式がある.機能と設置面積の関係からプラグ型の送風機が採用されていることがあるが,ファンセクション全体が,送風機のケーシングを兼ねている.このことからダクト接続の自由度が高いなどの利点があるが,思わぬところから「障害」が発生した事例である.

### ■ 現象

事務所ビルに設置のコンパクト型空調機から漏水があった.調べたところ,コイルセクションのドレンパンに 100 mm 程度,水が溜まっていた.

運転中に「コイルセクションの点検扉を開けると溜まっていたドレン水が排出し,閉めると排出しなくなる」現象を発見した.空調機の形状を図 1-6-1 に示す.

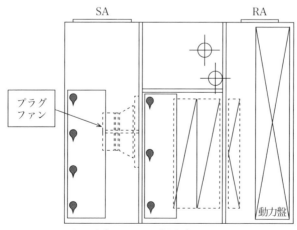

図 1-6-1 空調機外形

## ■ 原因

コンパクト型空調機に使用された送風機は，プラグファンであった．したがって，コイルセクションとファンセクションでは，部屋の圧力が異なっている．ファンセクション内は「プラス圧」であり，コイルセクションは「マイナス圧」である．

この異なる圧力の部屋からのドレン排水を1本の配管で接続後，トラップを介して放流していた．このためにファンセクションの排水管からコイルセクションの配管を通じて空気が流通し，吹き上げていた．

ドレン水が，運転中に「コイルセクションの点検扉を開けると排出し，閉めると排出しなくなる」現象は，両セクション間の圧力差で空気が吹き上げていることで説明ができる．

## ■ 改善策

1台の空調機ドレンを「同じ配管で一括する」ことで生じるトラブルである．各々のセクションごとに単独の排水管を設置して，用途に応じた封水装置を経てから排水する（プラス圧用とマイナス圧用では，機能が異なるが同じような外形の製品がある）．

また，ファンセクションには排水が不要なら，ドレン管にプラグを打っておくのも一つの方法である．

国土交通省の監理指針とメーカーカタログから空調機用ドレントラップの概要を以下に示す．

### 表 1-6-1　空調機のトラップ

(2)　ユニット形空気調和機、コンパクト形空気調和機、パッケージ形空気調和機及びガスエ
　　ンジンヒートポンプ式空気調和機のドレン用排水管には、図2.4.10に示すように送風機の
　　全静圧以上の落差を取り空調機用トラップを設ける。ここで、落差とは、逆流しないため
　　の水深を意味する。トラップの形式は特記によるが、基本的な性能として、防臭、小動物
　　や昆虫等の侵入防止、渇水時の注水復帰、保守・点検・清掃の容易性、施工の容易性等が
　　要求される。排水トラップの必要寸法の考え方を表2.4.2に示す。

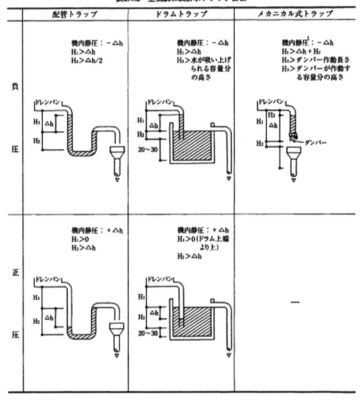

表2.4.2　空気調和機排水トラップ要領

(3)　【参考】封水が切れても、内蔵された球により汚染空気の逆流を防止する形式のトラッ
　　プ（フロートボール式）の例を、図2.4.10に示す。なお、採用は特記による。

[出典] 国土交通省大臣官房官庁営繕部監修　監理指針「空調機のトラップ（抜粋)」

市販トラップの事例を以下に示す.

### 押込型〈P型・PW型〉

空調機内の正圧は、1,470Pa（150mmAq）
相当まで対応でき、吹き上がりを防ぎます。

注3)
空調機の運転開始時には、必ず、本体内の流出側部品
頂部まで、水を入れて下さい。水を入れることにより、
封水を形成し、空気の流出を阻止します。

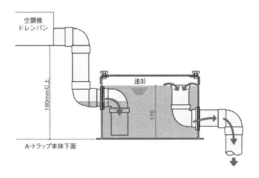

図 1-6-2　正圧用トラップ（例）

［出典］コンドー FRP 工業株式会社ホームページ
（http://www.kondoh-frp.co.jp/product_a_trap.html）

### 吸込型〈S型・SW型〉

逆止弁（特殊フロートボール）とフロート弁の2つのチャッキ機能
が働き、封水が蒸発しても、防臭・防虫効果を発揮します。

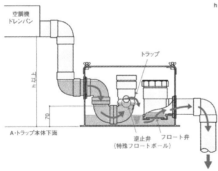

※吸込型〈S型〉を設置する場合は対象となる空調機の機内静圧に応じて、性能曲線よりh寸法を求め、それ以上となるようにして下さい。
注1）吸込保温型〈SW型〉のh寸法を求める場合は、グラフから求めたhの値に10mm加算して下さい。
注2）この場合の機内静圧とは、ドレン排出口にかかる静圧です。

図 1-6-3　負圧用トラップ（例）

［出典］コンドー FRP 工業株式会社ホームページ
（http://www.kondoh-frp.co.jp/product_a_trap.html）

### ■ 教訓 ●●●●●●●●●●●●●●●●●●●●●●●●●●●●●●●●●●●●●●●●●●●●●●●●

　空調機で使用されるトラップ装置であるが，負圧用（吸込み型）と正圧用（押込み型）の区別は外観からは難しい．夏季の運転が始まってから，機能障害に気がついた場合が本事例である．

　負圧用途で使用される場合が一般的であることから，「正圧用」を使用する場合には，設計・施工の両面で注意喚起（設計者・空調機メーカー・施工会社のすべてに対して）を促す必要がある．

　ポンプと違って，送風機では「電動機の回転方向」は，その設置機器の位置関係から決まってくる．「正回転」・「逆回転」電動機にこのようなシールを貼ったメーカーをよく見かける．これで，電気工事のひと手間が省けるとともに「事故防止」にも役立っている．

　トラップ装置の接続ミスを防ぐ意味から「正圧用」シールの添付を呼びかけたい．

### ［コーヒーブレイク］ ━━━━━━━━━━━━━━━

　低温送風用空調機などで，ファン動力の熱取得をできるだけ回避するような場合では，プラグファンでなくともコイルセクションへ「押込みファン」とする場合がある．このような場合にも，同じような注意が必要で，「プラス圧対応の封水装置」が必要である．

　今回の事例では，コイルセクションが「マイナス圧」で，ファンセクションは「プラス圧」であった．1台の空調機で，プラス圧部分とマイナス圧部分が混在したことで「施工者が混乱」したのでしょう！このようなトラブルを引き起こさないための工夫には，どのようなものがあるだろうか？

　設計図でドレントラップの仕様（正圧 or 負圧）を記載した例を見かけたことがない．ほとんどが負圧用で問題なく使用できていることがその理由だと思われる．

　特殊な目的で，正圧用のドレントラップを設置する必要がある場合には，当然だが設計図書に仕様を記載しているはずである．また，空調機メーカーの製作図面ではドレントラップの使用法についての記載があるが，間違えない使用法についての「積極的」な表現（目立つ書き方）をしているとはいえない．

　実際に施工する「施工者」や「保守・保全の担当者」が理解するためにも，完成図や「日常点検表」に「プラス圧用トラップ」，「マイナス圧用トラップ」といった仕様が書き込まれていることが望ましい！

　また，空調機のドレン配管接続口に「プラス圧用トラップ使用」の表示があることも有効な手法だと考える．

　装置の保守・更新時に，「同じようなトラブルを発生させないためにも…！」という考え方で日常の保守・点検等を常に見直し，トラブルの解消を心掛けたいものである．

　人間信頼性工学でヒューマンエラーの原因を解析して，医療事故の撲滅に貢献していると聞く．そのなかでヒューマンエラーに関する誤解は次の3点としている．

　①注意力で防止できる　②教育訓練により防止できる　③人為的チェックで防げる

　長時間にわたる注意力の持続は難しい．しかも訓練ではできても実務でいつも失敗しないという訳ではない．また，チェックがすべてでは経済合理性の観点から事業が成り立たなくなる．この不条理から開放できる唯一残された手法がエラープルーフ化だとしている．

　「人間は柔軟で創造的である反面，時々エラーを起こす」この特性を変えることは困難である以上，人以外の要素の改善こそがエラー防止の本質である．人以外の構成要素それは，「装置」，「文書」，「手順」であり，それらの「作業手順書」を改善することでエラーは防止できる．エラープルーフ化はフールプルーフ，バカヨケ，ポカヨケなどとも呼ばれている．

# 1.7 26 ℃設定なのに，寒い!!

　小さな会議室が「ふさがっていて使えない」このような理由で比較的大きな会議室を少人数で使用する場合がよくある．「大は小を兼ねる」とは，よくいわれるが，本当にそうだろうか…？　会議室でよく使用される「カセット型エアコン」での事例について，その動作の詳細を解析した．

　「インバータ機だから，大丈夫！」ではない！という実情を知っておきたい．

## ■ 現象

　会議室を少人数で使用すると，設定値以下となり「寒いと感じてしまう」．

　20人程度が使用できる会議室があるが，ごく小人数での使用の場合には「室温の低下が止まらなく，寒く感じてしまう」．

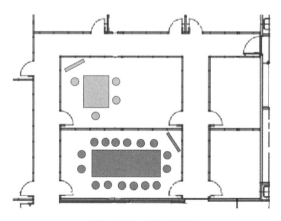

図 1-7-1　平面配置

表 1-7-1　空調負荷計算（設計値と実情値）

| ＜設計値＞ | | | | ＜実情値＞ | | |
|---|---|---|---|---|---|---|
| 床面積 | 顕熱 | 潜熱 | | 顕熱 | 潜熱 | |
| 40 m² | | 20 人 | | 4 人 | | |
| 人 | 1400 | 1000 | 0.1 人/m² | 280 | 200 | |
| 照明　20 W/m² | 800 | | LED10 W | 400 | | |
| PC | 300 | | ノート 50 | 200 | | |
| プロジェクタ | 500 | | | 500 | | |
| 他 | 500 | | | 0 | | |
| | 3500 | 1000 | 4500 | 1380 | 200 | 1580 |
| | SHF | 0.78 | | | 0.87 | |
| 単位負荷 @/m² | **112.5** | W/m² | | **39.5** | W/m² | |

エアコン：2.8 kW × 2台設置

## ■ 原因 ••••••••••••••••••••••••••••••••••••••••••••••••••••

　設計値では単位負荷 112.5 W/m² と，ごく普通の「会議室仕様」であるが，この部屋を 4 人程度の少人数で使用する場合には，単位負荷 39.5 W/m² 程度のかなり小さな室内負荷となる（表 1-7-1 参照）．

　このような使用状況では，負荷の変動に合わせてエアコンの能力も変化するが，その場合でもおのずから最小能力には限界がある．

　限界点を超えた場合には，エアコンは ON と OFF を繰り返すばかりの運転となり，湿度が「成り行き」となるだけではなく「温度も成り行き」となる（室温の落ち着き先は，室内の発生負荷・空間の大きさなどと機器の最小能力に関係して，一律に推定することは難しい）．

　ある条件を想定した計算結果が表 1-7-2 である．

　表 1-7-2 中の丸数字（①など）を空気線図上に表示したのが図 1-7-2 である．

　通常の運転状態と，70 %・50 %・30 % に能力制御ができた場合の運転点を空気線図上に示した（メーカー並びに機種によって，能力制御の範

囲が異なるために「正確な値」を示すことはできないが、参考値とされたい）.

### 表 1-7-2　エアコンの性能と吹出温度など

(a)　エアコンの性能

冷房能力　2.8 kW

| | | 急運転 | 強運転 | 弱運転 | |
|---|---|---|---|---|---|
| 風量 | | 12.5 | 11.5 | 10 | m³/min |
| | | 750 | 690 | 600 | m³/h |
| $\Delta h$ | | 11.21 | 12.19 | 14.01 | kJ/kg |

室温 26 ℃×50 %（$h$ = 52.8）の場合　　cf：14.78 ℃ DP

| | | | | | |
|---|---|---|---|---|---|
| 出口空気 $h$ | ① | 41.59 | 40.61 | 38.79 | kJ/kg |
| 吹出空気 | | 15.35 | 14.99 | 14.31 | ℃ |
| 能力制御 $\Delta h$ | | **70 %** | 44.32 | | |
| | 吹出空気 | ② | 16.33 | | |
| 能力制御 $\Delta h$ | | **50 %** | | 45.83 | |
| | 吹出空気 | | ③ | 19.1 | |
| | | **30 %** | | 48.62 | |
| | 吹出空気 | | ④ | 21.8 | |

(b)　室内負荷の必要温度差

実情顕熱負荷

| 室内負荷 [kW] | | 1.38 | 50 % | 30 % |
|---|---|---|---|---|

| 風量 | 温度差 [℃] | | | |
|---|---|---|---|---|
| 750 | | | 2.75 | 1.65 |
| 690 | | | 2.99 | 0.65 |
| 弱運転　600 | | 6.87 | ⑤　2.99 | 0.65 |

| | | | | | |
|---|---|---|---|---|---|
| ① | 急運転 | ② | 強運転 | ③ | 弱運転×50 % |
| ④ | 弱運転×30 % 制御 | ⑤ | 室内負荷に見合う吹出温度 | | |

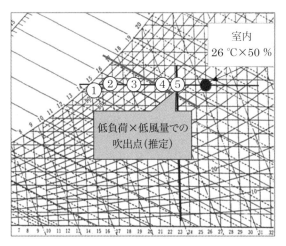

図 1-7-2　空気線図上での位置関係

**① 通常運転（急風量）**

　室温：26 ℃× 50 %，露点：14.8 ℃　室内の「負荷が通常」の場合には，吹出空気は「急運転で 15.35 ℃」であり，比エンタルピー値は 41.59 kJ/kg・露点 14.55 ℃ DP となり，潜熱・顕熱ともに負荷に対応できている．すなわち「冷却と除湿」の両方ともに低減できる状況であり，負荷に応じて ON-OFF する．

**② 通常運転（強風量）**

　室温：26 ℃× 50 %，室内の「負荷が通常」の場合には，吹出空気は「強運転で 16.33 ℃」であり，比エンタルピー値 44.32 kJ/kg・露点 15.53 ℃ DP となり，顕熱の対応はできるが，潜熱的にはできていない．

　すなわち，室内の露点温度よりも吹出空気の温度が高いために湿度は維持できない．この場合でも「負荷が通常の場合」であり，今回のような軽負荷であれば，室内の負荷に見合った温度で，能力制御が働きエアコンは停止する．

### ③，④　軽負荷運転（弱風量）

**能力制御 50 %**

　室温：26 ℃×50 %，「冷房能力が 50 %」（冷房能力 1.4 kW 相当で 4 人使用の実情に近い）の場合では，吹出空気は「弱運転で 19.1 ℃」であり，比エンタルピー値は 45.83 kJ/kg・露点 14.78 ℃ DP となり，顕熱の対応（室温の維持）はできるが，潜熱的には能力がない．湿度は成り行きとなる（図 1-7-2 上の点③）．

**能力制御 30 %**

　さらに，「冷房能力が 30 %」（冷房能力 0.84 kW 相当で 4 人使用，プロジェクター使用せずの状況に近い）では，室温：26 ℃・50 %「弱風量」の場合には，「吹出空気の比エンタルピー値は 48.62 kJ/kg」（図 1-7-2 上の点④）であり，吹出温度は 21.8 ℃ となる．

　一方，室内負荷が実情の 1.38 kW の場合，弱運転時の風量であれば表 1-7-2 から「必要温度差は 6.87 ℃」であり，室温 26 ℃ とすれば 19.13 ℃ での吹出温度が必要となる．このポイントは，機器能力を 50 %に制御して弱運転した場合（図 1-7-2 の点③，吹出温度 19.1 ℃）と似通っており，室温に応じて能力制御すると推定できる．

**必要温度差**

　また，室内負荷が実情の 50 %程度 0.7 kW の場合，弱運転時の風量であれば表 1-7-2 から「必要温度差は 2.99 ℃」であり，室温 26 ℃ とすれば 23.01 ℃ での吹出温度で充分となる．このポイントは，機器能力を 30 %に制御して弱運転した場合（図 1-7-2 の点⑤，吹出温度 21.82 ℃）に比べて 1.19 ℃ の差がある．

　この場合，エアコンの能力制御が 30 %以下まで連続して制御できる場合には，室内負荷とバランスするところまで，「エアコンの能力制御

が働いて室温の維持ができる」が，そうでない場合には，ある時点から「ON-OFF制御の状態」となり，エアコンの能力が勝ることから「過剰な能力となり，室温が低下する」傾向にある（エアコンの必要機能として，起動時や低負荷の連続運転時には，「一定時間」の最大流量の冷媒ガスで配管内を一掃するような動きがプログラムされていることも要因の一つである）．

　室温の安定については，様々な要素が働き，単純ではない．

・　サーモの動作スキマ
・　室内空気の容積と送風量の関係（いわゆる「時定数」）
・　冷房機の保護回路（発停時間の制限・冷凍機油の回収など）
・　熱源機の容量制御機構
・　冬季のデフロスト対応

　などが複雑に絡んでおり，メーカーや機種によって制御性能も異なっていることを理解しておかなければならない．

### ■ 改善策 ●●●●●●●●●●●●●●●●●●●●●●●●●●●●●●●●●●●●●●●●●●●●●

　設置された装置能力に比べて30％以下の室内負荷への対応という事例であるが，このような「インテリア部の部屋」であれば，冷房負荷は室内での発生負荷のみであり，設計的な対応をすれば，比較的容易に対応策を検討することは可能である．

　始めの対応策は使われ方による「最小負荷の確認」である．そのうえで，

① 　最小負荷に対応可能な機器の設置
② 　最大負荷に対応する台数の設置を行う

　このような対応機器の選定に加えて，

③ 　負荷に見合った運転台数（個別運転）の選択

　ができるシステムの採用が考えられる．

　また，「ペリメータ部の部屋」ということになると空調負荷の変動がさら

に大きく変わることになり，適材適所の機器選定が必要となることは容易に想定できる．

　ペリメータ部への対応としては，建築的な対応（ペリメータレスカーテンウォールなど）が見逃せない．

　これが，既存の設備である場合には，機器能力のサイズダウン対策として以下の手法が考えられる．

① 　機器本体のサイズダウン

② 　屋内機のみのサイズダウン

　ただし，メーカーが推奨する機器の組み合わせから外れることになり，性能の保証が取れないというデメリットを理解しなければならない．

　いずれにしても，何らかの更新対策・工事を伴うことになるが，その際に最も重要な事項が「現状の把握」である．

・　空調負荷の実際（建物負荷・内部負荷・外気負荷など）

・　負荷変動の状況（季節・時間などの変化・変動の有無）

・　将来負荷への対応

　インバータ搭載のエアコンは，任意の能力制御にいくらでも対応できると思われがちであるが，すべてについて対応ができるとは言い切れない．安易に過大な機器の選定に走らないことが肝要である．

　特に，潜熱の処理が重要な施設では「設定条件の確認」で，重負荷・軽負荷に対する条件設定の確認が欠かせない．手軽に使える機器ほど，制約条件もあることを理解しておきたい．

## ■ 教訓 ...........................................................●

　エアコンの機能が格段に向上している．なかでもインバータ内蔵による性能の向上は目を見張るものがある．ところが，その機能を活かしきれていない使われ方があり，注意が必要である．

　なぜ，高効率なのか…？　どのような仕組みで除湿できるのか…？　こ

うした素朴な疑問をもつことから「問題の本質」を理解して，装置・システムを有効に活用することが必要である．

あらゆる分野でインバータ搭載機器が当たり前になっている．汎用装置として，世に出てから 10 年を超えた．その機能の見直しとデメリットについて，理解する時期が来ている．

## ［コーヒーブレイク］

・ 「大きいことは良いこと」ではない！
　今回の事例はそんな例だと思う．容量が大きな装置による弊害はよくある．
・ 会議室のように「比較的大きな室内負荷」が想定される場合の対処はなかなか難しい．ある程度の人数で使用することを前提とした設計は容易だが，「どんな場合でも適応可能」といわれると行き詰ってしまうことが多い．
・ 可能な限り，数個のパターンを想定して「ユーザーの了解を取っておくこと」，これは，最低限守りたい事柄である．
　「インバータ万能!!」というのは，夢物語かもしれない!!

### ① VVVF インバータ制御

　VVVF これは，英語の Variable voltage variable frequency control（可変電圧可変周波数制御）から頭文字をとっているが，和製英語である．
　インバータ（Inverter）とは，直流を交流へ変換する装置である．
　一般的には，同時に周波数と電圧を変化させて交流電動機の回転を制御する．なぜ，電圧も変化させるのか？　交流電動機の回転数の制御は本来，「周波数を変化させる」だけで可能である．しかし，出

力電圧はそのままで周波数だけを下げると電動機の交流抵抗が小さくなることで，大電流が流れて電動機の焼損につながる．そこで，周波数の変化に合わせて出力電圧も変化させ，電動機を保護する必要がある．

## ② インバータ機の低速運転について

インバータによって空調能力を制限している状態では，付属するファンも風量を下げている．したがって，室内の気流も行き渡っているとはいえない．

このような状態では，
・ 温度センサがしっかりと温度を感知できているか？
・ きちんと温度を感知する場所に設置されているか？
もしくは，また，
・ 室温の変化によって風量を低減することが快適な環境をつくることと相まっているのか？
といったことを改めて考え直す必要がある．

何でも自動，これは時代の潮流ではあるが，見落としてはならない「基本的事項」を見失わない自覚が必要で，スキルの継承が大切である．

## ③ 家庭用エアコンの「畳表示（じょうひょうじ）」について

家庭用エアコンの性能は，冷房：6 ～ 9 畳用，暖房：6 ～ 7 畳用のような表示が能力○ kW の表示と併記して使われている．この畳数を使った表示は，1964 年（昭和 39 年）の制定のまま現在まで使われており，その後の性能に関する JIS 制度の変更にも「置いてきぼり」のままである．

表 1-7-3　家庭用エアコンの能力表示

| 冷房能力 | 2.2 kW | 単位能力 | | 暖房能力 | 2.2 kW | 単位能力 | |
|---|---|---|---|---|---|---|---|
| 6 畳 | 10 m² | @220 | W/m² | 6 畳 | 9 m² | @277.8 | W/m² |
| 9 畳 | 15 m² | @146.7 | | 7 畳 | 11 m² | @227.3 | |

　機器の能力を単位面積当たり能力で表示した．表 1-7-3 をみれば，冷暖房ともにかなり余裕をもった性能であることがわかる．50 年以上前に制定された表示法に従って，現代の住宅設備を選定しないとは思うが，平成 11 年基準制定の高気密高断熱住宅に当てはめると，2.2 kW のエアコンは冷房：30 畳以上，暖房：35 畳以上に対して有効との試算がある．さらに，次世代省エネ基準以上の ZEH 基準をクリアできた住宅では，20 畳の LDK（約 33 m²）でも 1.1 kW のエアコンで賄えるようである．

　家庭用のエアコンだからといって，断熱の性能や機器の能力表示だけに頼るのではなく，それぞれの現状把握をしっかり行ってから行動を起こす習慣を身に付けなくてはならない．

# 1.8 VAVへの省エネ更新で所長室のクレーム

　一般的な事務所ビルでは，空調で消費するエネルギー量の約10％が「空気搬送」に使用されている．

　人の生存には，空気は欠かせない．また，温熱環境を適正に維持することで「生命の維持」，「生活の向上」，「産業の発展」が支えられてきた．どのような空調システムであっても，最終的には空気を媒介として「環境の適正化」を図ることになる．それが故に，空気搬送に費やすエネルギー量を削減する工夫が各種考案されている．

　個別制御が可能なVAV方式は，50％搬送エネルギーを削減する効果も報告されているが，活用するためには，その特性の理解が欠かせない．

　空調機による「単一ダクト方式」から「VAV方式」への更新を実施したが，所長室から「暑い!!　何とかして!!」というクレームがあった．

## ■ 現象

　同じダクトの系統で「事務室」，「会議室」，「所長室」が並んでいる．

　夏季の冷房時では，大きな問題もなく「VAV設備による送風量の低減で省エネ」が想定できると喜んでいた．

　冬季に備えて，暖房への切り替えを行った．「所長室」だけが，「晴天時の午後から，暑くなった」ことで，「南に面している部屋は，日射が大きく影響すること」を改めて理解した．

### ■ 原因 ·······························································●

　部屋の空調負荷は，その方位によって大きく異なる．モデルとして，図 1-8-1 の平面図を考えて夏季・冬季の空調負荷の方位による影響を見てみる．

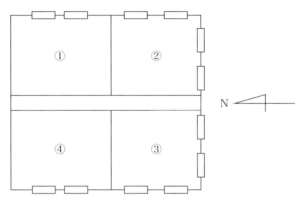

図 1-8-1　建物平面図（参考）

● **夏季**

　図 1-8-2 の右側に示すように「外壁に窓がある」と，想定する．ここからわかることは

Ⓐ：窓の方位によって，負荷が異なる

- ・　これは「夏季の最大負荷」を示す
- ・　東面と西面には大きな負荷がかかる　㋐, ㋑
- ・　北面は日射負荷が小さい
- ・　負荷の発生は，時間によって変化する

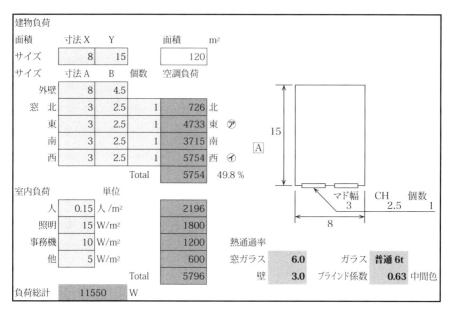

図 1-8-2　夏季・簡易負荷計算（参考：各方位の特徴を見るために全方位を表示）

B：部屋①‐④についての計算結果を表 1-8-1 に示す．②‐③の関係を
表 1-8-2 に示す．

表 1-8-1　①‐④の関係

①‐④の関係

時間毎の窓の負荷は

|  | 9:00 | 12:00 | 16:00 |
|---|---|---|---|
| ①　東面 | 5826 | 1426 | 1229 |
| ④　西面 | 931 | 1294 | 6796 |
| 西面／東面の比 | 16 % | 91 % | 553 % |

負荷全体では

|  | 9:00 | 12:00 | 16:00 |  |
|---|---|---|---|---|
| ①　東面 | 11622 | 7222 | 7025 | 165 % |
| ④　西面 | 6727 | 7090 | 12592 | 53 % |
| 西面／東面の比 | 58 % |  | 179 % |  |

表 1-8-2　② - ③の関係

② - ③の関係

時間毎の窓の負荷は

|  | 9:00 | 12:00 | 16:00 |
|---|---|---|---|
| ②　東 - 南面 | 5714 | 2648 | 1555 |
| ③　西 - 南面 | 1575 | 2822 | 6457 |
| 西面／東面の比 | 28 % | 107 % | 415 % |

負荷全体では

|  | 9:00 | 12:00 | 16:00 |  |
|---|---|---|---|---|
| ②　東 - 南面 | 11510 | 8444 | 7351 | 157 % |
| ③　西 - 南面 | 7371 | 8618 | 12253 | 60 % |
| 西面／東面の比 | 64 % |  | 167 % |  |

図 1-8-2 や表 1-8-1，表 1-8-2 からわかることは，

・　東面に窓があると，朝 9:00 頃に大きな負荷となる．

・　西面に窓があると，夕方 16:00 頃に大きな負荷となる．

・　東面に比べて負荷は，西面が 10 ％程度大きい．

・　窓の負荷が大きく，部屋全体の 50 ％程度を占める．

　このように，各部屋の負荷は「窓の方位に大きく影響される」ことから，VAV 方式を採用する場合には，方位の熱特性を考慮しなければ，クレームとなることがある．

・　①と④が VAV の同じ系統の場合，180 ％近い「負荷の差」があることから，好ましい環境とすることは期待できない．

・　①と④が単独の系統であっても，最大負荷と最小負荷の差が大きく「VAV による風量制御」の限界を超えることが予想される．

● 冬季

　また，表 1-8-3 に示すように「冬季であっても日射量の影響は無視できない」ほど，大きな影響となる場合がある．

　冬季の場合，東・南面は午前中に大きな日射負荷がある．次いで西面には夕方，大きな日射負荷がある．

表 1-8-3　暖房用・全日射量と日射量を考慮した部屋負荷（試算例）

拡張アメダス設計用外界条件（t-x 基準　抜粋）

＜暖房用＞　全日射量　[W/m²]

| 方位 | 9:00 | 12:00 | 16:00 |
|------|------|-------|-------|
| 北 | 35 | 45 | 31 |
| 東 | 620 | 45 | 31 |
| 南 | 617 | 811 | 291 |
| 西 | 35 | 69 | 453 |

部屋負荷（試算例）

| 方位 | 9:00 | 12:00 | 16:00 |
|------|------|-------|-------|
| ① | △1095 | △839 | △899 |
| ② | 3325 | 1941 | △570 |
| ③ | 560 | 2054 | 1424 |
| ④ | △1095 | △726 | 1095 |

＊△表記は，暖房が必要．他は冷房が必要を示す．

　本事例の「所長室」の室温異常の原因は

・　南に面した部屋であったことから，午前中から午後にかけて「晴天時には，大きな日射負荷がある」こと．

・　部屋全体の負荷で考えると，②，③の部屋では 9 〜 12 時で冷房が必要となり，③，④の部屋では 16 時に冷房が必要となる．③の部屋は日射が入ってくれば，一日中冷房が必要である．

・　本事例のような「冬季の冷房が必要な部屋」は，他の部屋と共通の熱源設備では，室内環境の維持は困難である．

　このことが，最大の要因と考えられるが，部屋の用途によってはさらに大きな室内負荷が考えられる場合がある．「部屋の使われ方」も，検討しておかなければ，夏季・冬季の温度異常を招く可能性があることを理解しておきたい．

## ■ 改善策 ●●●●●●●●●●●●●●●●●●●●●●●●●●●●●●●●●●●●●●●●●●●●●●●●●●●

一つの系統に「冷房負荷」と「暖房負荷」が混在するような場合には，単一ダクト方式では対応はできない．一般的には，

- 個別熱源方式
- 方位別のダクト方式や配管方式

などを採用して，根本的な解決を計りたいが大規模な改修が必要となることから，今回は「空冷パッケージエアコン」の設置によることとした．

## ■ 教訓 ●●●●●●●●●●●●●●●●●●●●●●●●●●●●●●●●●●●●●●●●●●●●●●●●●●●●

簡単な模様替え・部屋の交換が原因で，空調負荷の基本的な特性が異なってしまった事例である．トラブルの発生前に気がつけばよいが，専門家でも見逃しがちな現象ではある．

ファシリティマネージャーという専門職が海外では活躍している．

日常的にオフィスなどの配置換えが起こる世界銀行などでは，この業務が特に必要だと聞いた．部屋のレイアウト，必要な情報端末などに加えて国籍・人種・性別などが異なっても「快適なオフィス環境を提供」しなければならない．しかも，迅速に！

かなりハードな職種であるが，権限も与えられることで職務を遂行しているとのことである．

ビル管理者は単なるクレーム対応の「連絡人」ではない．管理人と管理者は異なる．持てる専門性を駆使して，ビル関係者のために「最適な環境の提供」，「効率的な施設の運用」，「効果的な投資・運用」にまで尽力することが求められている．

日常の活動から得られる各種データは，そのままでは大きな意味をもつことは少ない．データの活用には，人が介在して意味づけし，有効な判断をもって解析・展開することで，生の「データ」を「情報」へと進化させることが必須である．

　ちなみにファシリティ（Facility）とは，英語で「施設，設備」といった意味だが，企業の業務に関わる施設や設備，備品類など物的資産の総称と捉えている．企業における主な経営資源は「人・モノ・カネ」であるが近年は「第4の経営資源」として，施設や設備を意味するファシリティを加える経営者がいる．

[コーヒーブレイク]

　「VAV方式のメリットは, 変化する室温に応じて温度設定を変更する手間が省けること, 省エネを通じて光熱費を削減できることです」
　こんな記事をインターネットで見つけた.

　何事にもいえることだが,「VAV方式のメリットとデメリットをよく理解してシステムを採用する」これは, 基本中の基本である.

　VAV装置は, 必要に応じて風量を半減させることも可能である. ただ, その場合「室内環境の変化」をも考慮できているか, に注意を払う必要がある. 半減させると, 室内の気流特性に大きな影響がある. また, 換気系を含めてエアバランスが維持できることも考えなければならない.

　中間期のような最小負荷時でも室内気流を確保しておくためには, VAV装置の最小風量をあらかじめ設定しておくことが必要である. このとき, 熱源の温度設定がそのままでは送風空気からのエネルギー供給量が過多となることから「熱源の温度設定を変更」する必要がある.

　各室の空調負荷と供給されるエネルギー量のバランスから「室内環境の維持」が決まることは, 広く一般に理解されているとは, 思えない現実がある.

　「建物の特性」や「室内の使われ方」,「熱源の特徴」など, 設備管理者の専門知識をもって,「居住空間の快適性を維持」することと,「効率的・効果的」な運用を両立させる必要がある.

　メーカーのカタログには, その特徴や性能をうたっているが, それだけを信じるのではなくて,「環境維持に必要」な要素や能力を確認して使用することが必要である.

## 湿度不良の3事例

・・・・・・・・・・・・・・・・・・・・・・・・・・・・・・・・・・・・・・・・・・・・・・・・

　「夏の高温多湿」や「冬のからっ風」に悩まされることは「あたり
まえ」のこと．といって「ひたすら耐え忍ぶ」ことは，ひと昔前の
話である．いまや家庭用のエアコンでも「除湿機能」や「加湿機能」
をうたった製品が出ている．

　各種工場や研究所などで，多種多様な空間を「適切な環境に維持」
するためには，温度・湿度・塵埃などの制御は欠かせない．

　空調の湿度不良については，多種・多様な状況でトラブルが起き
ている．以下に代表的な湿度不良について考えてみる．

## ＜事例1：代表室加湿とVAV方式の空調＞

### ■ 現象 ・・・・・・・・・・・・・・・・・・・・・・・・・・・・・・・・・・・・・・・・・・・・・・・・・・・・・・・・・・・・・・・

　図1-9-1に示すようなテナントビルの小さな1室がある．
・　面積：50 m²/ テナント各室
・　空調送風量：1000 m³/h/ テナント各室
　B室の作業室に設置したある機械設備のために，換気装置を設置した．
　暖房の運転に伴って，天井ダクトから漏水があった．

　一般のテナントビルで，よく採用される「VAV方式の空調」システムで
あるが，テナントの更新や住み替えでよくある「換気設備の増設」が思わ
ぬところで「空調システムのトラブル」を生んでしまうことがある．

　テナントの要求から「排気が必要となった！」場合のVAV空調方式の
弱点とその対策について解説する．

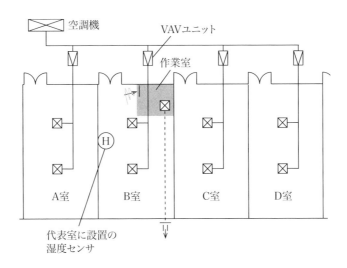

図 1-9-1　平面図・ダクト図

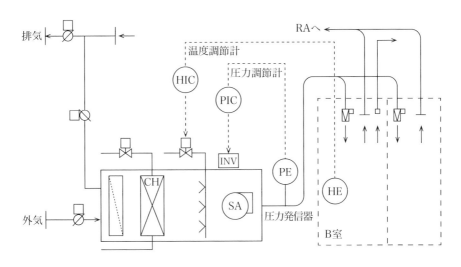

図 1-9-2　空調機計装図

## ■ 原因 ●●●●●●●●●●●●●●●●●●●●●●●●●●●●●●●●●●●●●●●●●●●

「VAV方式の空調」システムでは，室内の温度に応じた「送風量の増減」で，負荷変動に対応させている．

各室の温度センサは各室ごとに設置してVAVを動作させている．だが，湿度調節器は代表室に設置され，空調機の加湿器を制御している．

設置した換気設備は，換気が必要な部分の室容積20 m³ × 15 回/h ＝ 300 m³/h 程度のもので「ごく普通」の換気設備である．（接続ダクト径がφ150 mm 程度）

この部屋では，排気される 300 m³/h と同量の外気または廊下の空気が，バランスをとるために流入する．ただし，室内の湿度は外気等が入った分，他の室よりも不足気味となる．

そして，この部屋には代表室として，「湿度センサが設置」されていることから「他の部屋では，湿度は満足している」にもかかわらず，代表室のセンサによって「空調機の加湿装置が継続して運転する」ことになる．

過剰な加湿によってキャリオーバした水分がダクト内に充満し，凝縮することでダクトからの漏水となった．

## ■ 改善策 ●●●●●●●●●●●●●●●●●●●●●●●●●●●●●●●●●●●●●●●●●

① 加湿調節器の設置場所が，各室の湿度の代表的な部屋ではなくなったことが原因であることから「代表室の変更」や「共通廊下や空調機レタン」が考えられる．

② 室内に設置する湿度センサではなく，給気する「ダクト内の絶対湿度を制限する」手法が考えられる．ある一定の水分量を超えないとするもので「露点温度制御」ともいわれる．

# ＜事例2：湿度センサの位置不良＞

給気の露点温度を一定にして，室内の湿度を 50 ± 5 ％とする制御方式である．精度の高い湿度を得るために，蒸気加湿と露点温度制御を組み合わせたよく使われるシステムである．計装設計図の表記と検出器の保守を考慮して，空調機出口の最寄りに露点温度検出器を設置した．

■ **現象** ·····························································●

実験室用の空調機システムである．空調機内を正圧とすることから「押込み送風機」となっている．

給気露点温度は予定通りの範囲内で制御できているが，「室内の湿度が 45 ％を超えない！」とのクレームがきた．

蒸気を使用した加湿方式であり，制御システムでは，特に問題となる点はなかった．

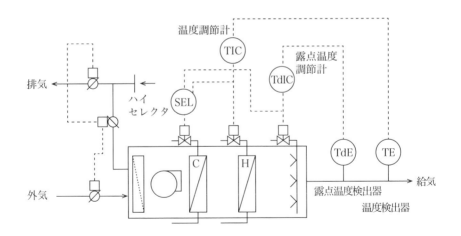

図 1-9-3　空調機計装図

## ■ 原因 ●●●●●●●●●●●●●●●●●●●●●●●●●●●●●●●●●●●●●●●●●●●●●●●●●●●●●●●●●●●●●●

当該空調機は，押込みファンの形式であり，

①　「ファンによる空調機内の偏流（遠心力の作用で起こる）」のまま，空調機から送風される傾向がある（図 1-9-4(a)）.

②　「コイル部では，上部ほど加熱されやすい」ことから「高温部分」と「低温部分」が層をなすことがある（図 1-9-4(b)）.

③　上記の事項が重なりあって「加湿不足の部分をつくっている」と，推定される.

④　SA ダクトに設置の湿度センサはダクトの取り付けやすい，保守性の良いことを優先したことから「湿度ムラ」のできやすい個所に計測器を設置したと推測する.

⑤　一般的に設計図に記載の計装システム図では，システムの機能的な説明を優先させることから「明快・簡略」な図面としている.

⑥　センサの取り付け位置については，施工時に技術的なチェックは欠かせない.

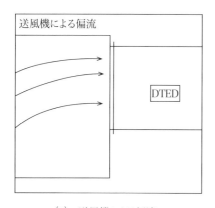
(a)　送風機による偏流

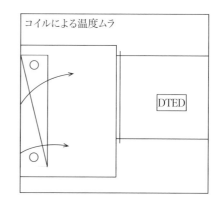
(b)　コイルによる温度ムラ

図 1-9-4　送風機による偏流とコイルによる温度ムラ

■　**改善策** ・・・・・・・・・・・・・・・・・・・・・・・・・・・・・・・・・・・・・・・・・・・・・・・・・・・・・・●

　空調機の近傍にセンサを設置する場合は，偏流や温度ムラなどを考慮して

① 　ダクト内は偏流などによる温度差のない状況であるか？を確認する．

② 　直線的なダクトルートでは，温度差を解消することが難しいために
2 ～ 4 回程度の方向転換後にセンサを設置する．

③ 　センサ位置の変更が困難な場合には，ダクトの同一位置でも偏流等を
考慮して数か所から資料を取り出す．
このような工夫が有効な場合がある．

## ＜事例３：湿度が設定値にならない＞

　恒温恒湿の実験室をレンタルしている施設（レンタルラボ）がある．テナ
ントの変更で湿度の異常が出た．

■　**現象** ・・・・・・・・・・・・・・・・・・・・・・・・・・・・・・・・・・・・・・・・・・・・・・・・・・・・・・・・●

　従前の使用者は，23 ℃ ± 1 ℃，45 ％ ± 5 ％で運用していた．新規のテ
ナントでは，20 ℃ ± 1 ℃，45 ％ ± 5 ％の要求があり，室内温度，湿度の
設定を変更した．

　室内の運転を始めると，湿度が設定値とは異なり「50 ％ RH を超える」
ことが，常時発生し，「どうなっているのか？」，「センサの異常か？」との
問い合わせがあった．

■　**原因** ・・・・・・・・・・・・・・・・・・・・・・・・・・・・・・・・・・・・・・・・・・・・・・・・・・・・・・・・●

　図 1-9-5 が空調機の計装図で，露点温度の一定制御である．

　室温の設定は，室内の調節計（TIC2）であり，すでに 20 ℃に変更していた．

　ところが，冷却除湿をするための温度調節計（TIC1）を設定変更してお
らず，従前のままであった．このままでは，室温 20 ℃であれば，相対湿
度は 54.3 ％ RH となることが確認できた．

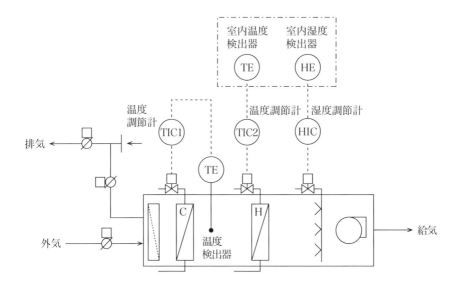

図 1-9-5　計装図（装置露点温度一定制御）

## ■ 改善策 ···········································································●

1. 制御システムを改造しない場合は，室内条件が変わったので，TIC1 の
   設定値を 10.5 ℃から 7.6 ℃に変更する．冷水温度条件を満たしている
   ことが条件である．

2. 制御システム図 1-9-5 を図 1-9-6 のように改造する．また，除湿に必
   要な冷水コイルの制御は温度制御信号（冷却）と湿度制御信号（除湿）の
   大きい方によって行う．温湿度設定値を変更したときは制御パラメータ
   （P 比例帯，I 積分時間）の再調整を行う．

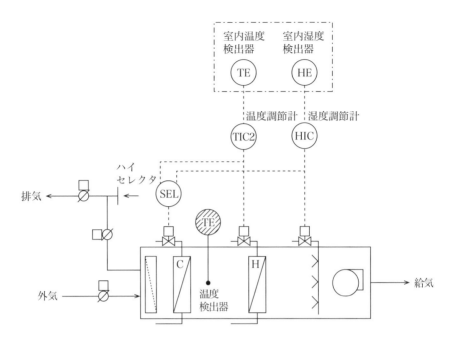

図 1-9-6　図 1-9-5 の改善策

## ■ 教訓 ‥‥‥‥‥‥‥‥‥‥‥‥‥‥‥‥‥‥‥‥‥‥‥‥‥‥‥●

　ストーブやラジエータ（放熱器）での暖房が主流の時代では，やかんを載せて「乾燥の防止」が可能であった．ヒートポンプエアコンが全盛の現在，暖房から空調へと技術が進化している．最新の空調設備であっても，湿度の異常を訴えるトラブルは，収まる気配がない．

　湿度の制御では，

① 　温度の制御に比べて，湿度の維持は「比較的難しい」．

② 　湿度の現状値を知ることは，そんなに簡単ではない．

③ 　湿度異常を確認しても，対応も難しい．

　このような諸問題から，湿度の異常を認識しながらも放置されている現状がたくさんあるように感じる．

　工業製品の製造上の問題であれば，どのような手段を講じてでも解決が必要であるが，保健空調のように緊急を要さない事例では，おざなりな対応で終わってしまうことが悲しい．空気の乾燥がきっかけとなって，風邪やインフルエンザが流行りやすくなることはよく知られている．

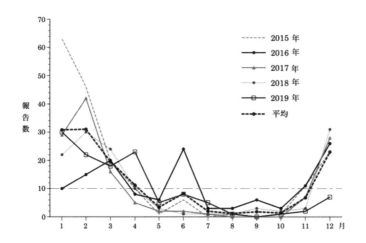

図 1-9-7　ヒトコロナウイルスの月別報告数の推移 2015-2019 年

［出典］国立感染症研究所月報 IASR Vol. 41 p124-125: 2020 年 7 月号
　　　　https://www.niid.go.jp/niid/ja/2019-ncov/2488-idsc/iasr-news/9715-485p03.html

　また，人間や食物にとっても水分（温度）は重要で，機能維持・鮮度維持に湿度 5 ％の増減が大きな影響をもたらす．さらに，美術品や絵画では「湿度不足」で作品の劣化が心配される．身近な環境の中で，湿度に影響を及ぼす事例の重要性を理解し，適切な湿度環境の維持に設備技術者として貢献したいものである．

［コーヒーブレイク］

　空調機のような「限られた空間」で行う加湿装置では，加湿装置の形式や性能によるが，「蒸発吸収距離」や「偏流」などを考慮して加湿装置を設置しなければいけない．

### ①　蒸気式加湿器

　加湿器の代表的なシステムで，「蒸発吸収距離」を考慮する必要がないような印象を与えるが，前述のような「ダクト内の偏流」がある場合や空気の温度が30℃以下である場合などには，十分な注意が必要である．

### ②　気化式加湿器

　加湿用の水と通過空気が十分に接触できる構造をした「モジュール」を通過することで，余分な水分が「キャリオーバすることはない」としている．したがって，エリミネータの設置も必要がない．

　しかし，空調機内の偏流や通過風速・コイルの加熱偏りなどの状況によっては，供給可能な水分量に差が出る場合も十分想定される．

### ③　水噴霧式加湿器

　高圧の水をノズルから噴霧する方式で，比較的水滴の粒径が大きいことから「蒸発吸収距離」の確保とエリミネータの設置が必要である．

　超音波式の場合も「蒸発吸収距離」が必要であり，パッケージ型空調機のような狭い空間内への設置では特に注意が必要である．

## 1.10 恒温恒湿室の湿度が維持できない

セントラル熱源での空調システムは，多種多様な用途に応じることができる反面，それを構成する構成部品の特徴をよく理解して，システムを組み立てることが前提条件である．

汎用の空冷チラーを使った「恒温恒湿室」の空調熱源システムであるが，「恒温恒湿室」を維持するためには欠かせない「除湿性能の維持」で思わぬトラブルに見舞われた．

### ■ 現象

冷却専用の空冷チラー×2台，冷水ポンプ×2台（各々1台は予備機として，故障対応としている）と，電気ヒータ組込みの空気調和機による恒温恒湿室空調システムである．チラーの圧縮機保護のために，クッションタンク（冷凍機保護の目的で5分相当量）を設置している．

恒温恒湿室の目標値は，25℃±0.5℃ DB，45±5％ RH である．

竣工後の梅雨時期に，室内の温度は範囲内であるが，湿度は目標値を超える場面が散見された．

■ 原因 ••••••••••••••••••••••••••••••••••••••••••••••••••••••

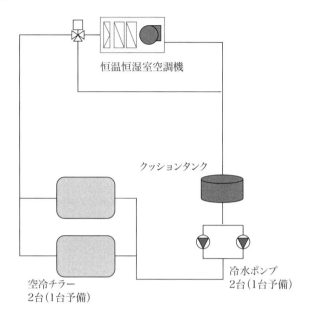

図 1-10-1　熱源システムフロー図

部屋の与条件である, 25 ℃ ± 0.5 ℃ DB, 45 ± 5 ％ RH を得るためには,

① 　冷熱源として, 対象空気の露点温度よりも 3 ～ 5 ℃低い温度の「安定した冷熱源」が必要である.

② 　温熱源として, 対象空気温度よりも 5 ℃以上高い熱源が必要である.

　温熱源は電気ヒータであり, 温度的な問題はないが冷熱源については「常時安定している」ことが守られているかどうかの確認が必要である.

　本件では, 表 1-10-1 の機器仕様で, 空冷チラーは 25 kW としている. 空冷チラーの取扱説明書には図 1-10-2 の記載がある.

| 系内最小保有水量と機内保有水量（例） | | | | | |
|---|---|---|---|---|---|
| | 機　種 | | | | |
| | 125 | 190 | 250 | 375 | 500 |
| 機内保有水量（L） | 2 | 2 | 2 | 6 | 8 |
| 系内最小保有水量（L） | 63 | 54 | 71 | 107 | 143 |

| 使用上の注意事項（例） | | |
|---|---|---|
| 項　　目 | | 内　　容 |
| 電源 | 電圧 | |
| | 相バランス | |
| 使用限界 | 冷水温度 | |
| | 外気温度 | |
| | 無負荷運転 | プルダウン運転は1時間以内 |
| 発停回数 | | 12回/1時間．ただし，運転時間：2分以上，停止時間3分以上 |
| 冷水 | 水質 | JRA-GL-02の水質基準値（冷水系）による |
| | 水速 | 0.5～2.0m/s |
| | 水圧 | 0.69MPa以下 |
| 外気 | 性質 | 銅，アルミを浸す溶解物を含まないこと |
| その他，技術関係資料による「注意事項」を順守ください． | | |

図 1-10-2　取扱説明書の記載内容（例）

表 1-10-1　機器選定表

| 機器選定 | | | | | |
|---|---|---|---|---|---|
| 室 | | | | | |
| 15 | 8 | 120 | m² 面積 | | |
| CH | 3.5 | 420 | m³ 容積 | | |
| | | | | | |
| 送風量　@ | 50 | 6000 | m³/h | | |
| | N = | 14.3 | 回/h | | |
| OA | 15 % | 900 | m³/h | | |
| | @ 25 m³/h・ | 36.0 | 人相当 | | |
| | | 0.300 | 人 /m² | | |
| 空調負荷 | 単位負荷 | | | | |
| 建物 W/m² | 20 | 2400 | W | | |
| 人 | 67 顕熱 | 2420 | 潜熱　1770 | | |
| 照明 W/m² | 30 | 3600 | W | | |
| 他 W/m² | 10 | 1200 | W | | |
| | | 9620 | W | | |
| | @ | 80.2 | W/m² | 外気：34.6 ℃× 53.6 ％× 82.5 kJ/kg | |
| 送風温度 | 4.8 ℃ | | | 室内：25 ℃× 45 ％× 47.75 kJ/kg | |
| OA 負荷 | 34.6 ℃ | 82.5 | kJ/kg | | |
| | 25 ℃ | 47.75 | | | |
| | Δh | 34.75 | 10415 kJ/kg | ＜系保有水量＞ | |
| チラー負荷 | | 20035 | | 10 分間の負荷 | |
| | 110 % | 22100 | W | 3683 Wh | |
| # 250B | | 110 HP/25 kW 選定機種 | | 水温差 | 4 ℃ |
| | 冷水量 | 87 | L/min | 槽内効率 | 50 %　(仮定) |
| | 最小保有水量 | 71 | L | | |
| 配管サイズ | 50 | A | | | |
| 2.2 L/m | | 32.3 | m | 必要容量 | 1590 L |

湿度の異常は,「竣工後の梅雨時期に, 目標値を超える場面が散見された」.
その時点での熱源システムの状況は以下の通り.

- 　空調機入口温度は 7 〜 12 ℃を繰り返している.

- 　どちらかというと, 12 ℃の状態が長い.

- ・　空調機出入口の温度差は，約 4 ℃である．
- ・　チラーや機器類の「運転状態」に異常はなかった．
　　部屋の要求温湿度は，25 ℃ DB × 45 ％ RH である．このときの露点温度は，12.25 ℃ DP であるからコイルのアプローチを 3 ℃とすれば，9.25 ℃．アプローチを 5 ℃とすれば，7.25 ℃以下の冷水が必要である．
　　現状の要点を書き出せば，
① 冷水は 7 ℃で供給されているがすぐに温度の上昇があり，12 ℃近くまで上がっているようだ．
② チラーは正常に運転している (故障などの表示は出ていない)．
となる．
　　以上のことから，チラーは正常な運転を継続しているが，除湿冷却に見合う「冷水温度が安定して供給していない」ことが原因と推定できる．

## ■ 改善策 ●●●●●●●●●●●●●●●●●●●●●●●●●●●●●●●●●●●●●●●●●

　　取扱説明書 (図 1-10-2) にあるように「圧縮機には発停回数 (12 回/h) の制限がある」，それを回避するために「系内の保有水量の確保」を求めている．

　　取扱説明書では，最小保有水量は 71 L」の記載がある．これは，機器が異常停止しないためだけの「機器単体に対する必要事項」であり，これだけでは「システムを構成した場合での熱負荷を処理する能力が担保されていない」ので，今回の場合には「湿度維持に必要な冷水温度 7 ℃程度を維持」できるようにしなければならない．

　　現状では，チラーの冷水量 87 L/min × 5 分 = 440 L の 1.5 倍として，700 L のクッションタンクを設置しているが，現状の運転状況を加味して「系保有水量」を表 1-10-1 の後半に示した有効容量：1600 L 以上のものが必要である．

## ■ 教訓 ●●●●●●●●●●●●●●●●●●●●●●●●●●●●●●●●●●●●●●●●●●●●●●●●●●●●●

メーカーの仕様書や取扱説明書に記載されている内容を，そのまま信じてしまったことが性能を維持できなかった理由である．メーカーの立場では，機器の保護が第一義であり，システムとして組上げた場合の影響は「対象外」である．システムをつくった本人が性能を保証しなければならない．厳しいがこれが現実である．

スポーツとして人気があるサイクリングであるが，各パーツを購入して「自分で組み立てる」事例が多い．気に入った部品は世界各地から容易に入手できる．ところが，車両部品の不良で思わぬ事故が起こった場合には，①適正な部品の選定であったか？　②適正な操作であったか？などの立証がなければ，部品メーカーへの責任追及は困難である．

ちなみに製造物責任（PL）法では，製品の欠陥を証明するのは誰かというと，これは被害者側に証明責任がある．

 ［コーヒーブレイク］

システムを構成する機器は正常に稼働している．本例のように，機器単体の故障情報としては上がってこない場合でも，部屋の要求事項を満足できていない場合がある．

湿度不良は各種の条件がうまくかみ合わず，思い違いや思い込みが原因となって起こることがよくある．

トラブルの状況をよく見極めるために，現状把握の「計測・計量・記録」が大切である．

恒温恒湿室を保有・運用している担当者は，目的の部屋の計測記録は必ず実施している．ただし，「気象状況などの外的要因」や「作業人員・実験機器などの設置・運用状況」など，空調負荷となる事柄について記録を求めるのは多少無理がある．

　そこで，設備管理者の専門家としてのノウハウが必要となってくる．

　確かな情報をもとにして，事実の確認をしなければ問題解決を長引かせることになる．トラブルの要因解析との関係を理解してもらって「運用状況の変化」を考慮し，表 1-10-2 のような内容を時系列的に整理・解析することで，問題解決が図れる．

　「データがものをいう！」事実に基づいた，情報の共有があれば，問題解決が速やかに進められる．

　湿度異常を例として計測個所の拾い出し例を以下に示す（除湿能力のチェックでは，項目番号：1，2，9，10，11 などが該当する）．

表 1-10-2　参考：湿度異常に関する計測個所

| 部署 | 項目 番号 | 項目 名称 | 単位 | 計測時間毎 (可能なら！) | 備考 | ランク | 目的・特徴　他 | コメント |
|---|---|---|---|---|---|---|---|---|
| 冷却コイル | 1 | 冷水入口温度 | ℃ | 5分 | | A | 空調負荷の把握、変化量の把握 | 除湿能力などの確認 |
| | 2 | 冷水出口温度 | ℃ | 5分 | | A | 同　　上 | には、欲しい項目 |
| | 3 | 制御弁開度 | % | 5分 | 可能であれば | X | 制御性の確認が可能 | 制御動作の確認 |
| 空調機 | 4 | 送風温度 | ℃ | 5分 | | B | | 熱源の追随性確認 |
| | 5 | 還気温度 | ℃ | 1時間 | | C | | 部屋の状態確認 |
| | 6 | 外気温度 | ℃ | 1時間 | | X | 外乱の確認 | |
| | 7 | 外気湿度 | %RH | 1時間 | 可能であれば | X | 同　　上 | |
| | 8 | ファン運転流 | A | 1時間 | 可能であれば | C | | |
| チラー | 9 | 冷水戻り温度 | ℃ | 5分 | | A | 能力の把握、制御性の理解 | 能力やシステム制御 |
| | 10 | 冷水送水温度 | ℃ | 5分 | | A | 同　　上 | 性の確認に必要 |
| | 11 | 運転電流 | A | 5分 | | A | 同　　上 | |
| | 12 | 消費電力量 | kWh | 30分 | | X | 同　　上 | 省エネ性能など |
| 冷水ポンプ | 13 | 運転電流 | A | 5分 | 可能であれば | X | 能力の変化 | 水量の安定性確認 |
| | 14 | 消費電力量 | kWh | 30分 | 可能であれば | X | 同　　上 | |
| 室内 | 15 | 温度 | ℃ | 30分 | | B | 結果の確認 | 結果系によるシステ |
| | 16 | 湿度 | %RH | 30分 | | B | | ムの制御性確認 |
| | 17 | 人・装置など | ― | 数時間単位 | 可能な限り | B | 室内の空調負荷への影響を確認 | ※外気の状況も含めて |

注)ランク　A:状態変化の確認に必要　B:出来るだけ・・　C:可能であれば・・

■ NOTE

# 1.11 クリーンルームの湿度不良

クリーンルームは「特別な空間」ではなくなってきた．同じく「恒温恒湿室」も誰でも手軽に「設計」，「施工」できる，そんな時代となってきた．しかし，だからこそ，基本のチェックが欠かせないことは，知っておかなくてはならない．

恒温恒湿室では，年間を通じて「温度と湿度の維持」が求められる．夏季・冬季の最大負荷に対しては問題なくクリアできても，中間的な気象状況での機器能力・動作のチェックが欠かせない．

具体例で，温度・湿度の挙動を確認して「問題点」の洗い出しをした．

## ■ 現象

恒温恒湿室用のパッケージエアコンと電気ヒータ加熱のシステムであるが，室内の湿度が維持できない．夏季は湿度が下がらない．冬季は湿度が下がり，エアコンの冷却不調で止まってしまう．

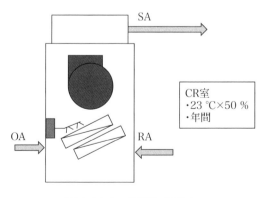

図 1-11-1　空調システム

## ■ 原因 ········································································●

室内の空調条件は，年間を通じて室内温度 23 ℃，湿度 50 % RH である．

この条件からして，一般的なエアコンではなく「年間冷房中温型」といわれている形式のエアコンが採用されている．夏季の除湿能力が不足していることから，機器選定の手順を再度確認した．

① 冷房時

表 1-11-1　空調負荷と機器選定

| 空調負荷 | | | |
|---|---|---|---|
| 全熱量 | 8220 | W | |
| 潜熱 | 530 | W | （人など） |
| 顕熱 | 7690 | W | （照明・実験装置他） |
| 顕熱比 | 0.936 | | |
| 外気負荷 | | | |
| | 3094 | W | |
| 負荷合計 | | | |
| 夏季 | 11314 | W → 110 % | **12.5** kW ㋐ |
| 冬季 | 4138 | W | |
| 機器選定 | | | |
| JIS 標準能力 | | | ※ 16 ℃ WB 相当値 |
| 19 ℃ WB | 20 | kW | **15.2** kW ㋑ |
| | ※ 8HP 型 | | |

表 1-11-2　室内 23 ℃× 50 % RH での各指標

| 乾球温度　$DB$ [℃] | 23.00 |
|---|---|
| 相対湿度　$RH$ [%] | 50.00 |
| 容積絶対湿度　$A$ [g/m³] | 10.28 |
| 重量絶対湿度　$X$ [kg/kg (DA)] | 0.00875 |
| 露点温度　$DP$ [℃] | 12.03 |
| 比エンタルピー　$H$ [kJ/kg] | 45.37 |
| 湿球温度　$WB$ [℃] | 16.24 |

　夏季の空調負荷は 12.5 kW（表 1-11-1 ⑦）である．室内が 23 ℃× 50 ％
RH の状態では，湿球温度が 16.24 ℃ WB であることからメーカー技術資
料から室内吸込温度 16 ℃ WB での能力を採用する（表 1-11-1 ⑦）．以上
により，8HP 型（JIS 標準冷房能力 20.0 kW）が選定できる．

　ここで，湿度異常の原因をチェックする．

　室内の温・湿度と顕熱比から，コイル出口の状態を確認して，必要なコ
イル能力を算出する．

　コイル出口が 12 ℃の場合，比エンタルピーは 32.98 kJ/kg であり，外
気と室内空気の混合点 47.2 kJ/kg との差と送風量の積から必要なコイル
能力（19.0 kW）を算出する（表 1-11-3）．

表 1-11-3　除湿能力のチェック

| 除湿能力のチェック | | | | |
|---|---|---|---|---|
| コイル出口（12 ℃× 95 ％）の比エンタルピーから能力を求めると | | | | |
| | 比エンタルピー | | 風量： | 4000 m³/h |
| 混合点 | 47.2 kJ/kg | | | |
| コイル出口 | 32.98 | (12 ℃× 95 ％) | | |
| $\Delta h =$ | **14.22** kJ/kg → | | | **19.0** kW |

表 1-11-4　室内 12 ℃× 95 ％ RH での各指標

| 乾球温度　$DB$ [℃] | 12.00 |
|---|---|
| 相対湿度　$RH$ [%]： | 95.00 |
| 容積絶対湿度　$A$ [g/m³] | 10.13 |
| 重量絶対湿度　$X$ [kg/kg（DA）] | 0.00829 |
| 露点温度　$DP$ [℃] | 11.22 |
| 比エンタルピー　$H$ [kJ/kg] | 32.98 |
| 湿球温度　$WB$ [℃] | 11.55 |

表 1-11-1 の選定（8HP 型の修正した冷房能力 15.2 kW）⑦では，除湿能力が不足していることがわかる．

**②　暖房時**

冬季の負荷は，4.138 kW である（表 1-11-1）．

暖房用の熱源は電気ヒータであり，標準的な仕様で 48 kW まで取り付けが可能であり，加熱能力の問題はない．

ただし，冬季の湿度不足があることから湿度の維持について考える．

まず，必要な加湿量は，取り入れる外気量と室内・外気それぞれの水分差（絶対湿度の差）の積で求められる（表 1-11-5）．

表 1-11-5　冬季の加湿量選定

| 冬季の加湿負荷 | | | |
|---|---|---|---|
| 8HP 型 | | 暖房負荷 | |
| エアコン | | 4.1 kW | |
| | 外気量 | 250 | m³/h |
| | OA 湿度 | 0.00210 | |
| | Room 湿度 | 0.00875 | kg/kg（水分量） |
| | 必要加湿量 | 1.995 | kg/h → 115 % |
| | | **2.3** | kg/h |

ここで，表 1-11-1 から負荷の内容を見ると，8 kW 以上の室内の室内負荷（照明・実験装置他）がある．暖房負荷が 4.1 kW であっても「基本的には，年間を通じて冷房負荷がある」と，とらえることが必要である．したがって，機能的な空気の動きから必要加湿量の求め方は根本的に変わってくる．

エアコン内の空気の流れを見ていくと，まず初めに「外気と混合された空気が冷却される」ことを理解しなければいけない．

したがって，加湿量は「コイル出口の空気水分量と室内の水分量の差と

全送風量の積」として，計算しなければならない．外気量ではなく，冷却コイルを通過する空気量を対象する点がポイントである．

表 1-11-6　冬季の加湿量選定（改定）

| 冬季の加湿負荷 | | | | | |
|---|---|---|---|---|---|
| | | 暖房負荷 | | 必要温度差 | |
| エアコン | 16 馬力型 | 4.1 | kW | 2.06 | ℃ |
| | 風量 | 6000 | m³/h | | |
| 冷却後のコイル出口 | | 26.38 | kJ/kg | | |
| | | 0.00683 | kg/kg（水分量） | | |
| | 必要加湿量 | 13.824 | kg/h → 115 % | | |
| | | | 15.9 | kg/h | |

表 1-11-7　冬季冷却後の各指標

| 乾球温度　$DB$ [℃ ] | 9.13 |
|---|---|
| 相対湿度　$RH$ [%]： | 95.00 |
| 容積絶対湿度　$A$ [g/m³] | 8.45 |
| 重量絶対湿度　$X$ [kg/kg（DA）] | 0.00683 |
| 露点温度　$DP$ [℃ ] | 8.38 |
| 比エンタルピー　$H$ [kJ/kg] | 26.38 |
| 湿球温度　$WB$ [℃ ] | 8.73 |

　このように特殊な条件で使用する機器は吸込空気がJISの標準状態と異なり，「空気の流路」に従った空気質の変化などを理解して，実際の室内条件による「能力補正」が必要である．コイルの通過など，「操作の内容」と「状態の変化」を確認しておくことが求められる．

## ■ 改善策 ••••••••••••••••••••••••••••••••••••••••••••••••• •

① **冷房時**

夏季の運転状態から，除湿能力が不足していることが判明した．

そこで，1段，2段上の機種（10・16馬力型）について16℃WBでの能力を比較して，必要な能力（比エンタルピーの差が14.22 kJ/kg）が得られる機種は

- ・ 16馬力型（16℃WB：32.2 kW 能力）として，
- ・ 風量を6000 m³/hに変更する．

ことで，必要な能力が確保できることになる．

表 1-11-8　機器選定（改定）

| 機器選定 | | | | | |
|---|---|---|---|---|---|
| | JIS 標準能力 | ※ 16℃WB 相当値 | | | Δh |
| 10馬力型 | 25 kW | 20.1 kW | 4800 | m³/h | 12.58 |
| 16馬力型 | 40 kW | 32.2 kW | 7200 | | 13.43 |
| | | ※風量変更 | 6000 | | 16.12 |

② **暖房時**

表1-11-7に示す，年間冷房から始まる加湿負荷を考慮した加湿量に加湿効率を勘案したものとする．

## ■ 教訓 ••••••••••••••••••••••••••••••••••••••••••••••••• •

頭で理解していても手がそのように動いていないことがある．装置内の空気の動きは，日頃の計算とは異なっている場合がある．空気線図は読めるのに，自ら空気線図上で空気の状態変化を書きしるし，動きを確認しながら空気線図を起こしたことがない．いわゆるペーパードライバーというやつである．

「必要加湿量」は「外気と室内の絶対湿度の差」と外気量の積である．

ある条件では正しいが，状況によってはそれだけでは無理で，他の条件を考える必要がある．

ところで，施設が竣工した時点ではどのような状況であったのだろうか？　湿度異常はなかったのか？

建物負荷はそのままとして，室内の条件（人と装置類）を変えると負荷の状況は異なってくる（表 1-11-9）．

表 1-11-9　仮定条件時の空調負荷

| ≪仮定条件≫ | | | | | | |
|---|---|---|---|---|---|---|
| 負荷計算 | 面積 | | 100 | m² | | |
| 建物負荷 | | 10 | W/m² | 1000 | W | |
| | | | | | | |
| 案内負荷 | | | <竣工直後の想定負荷> | | | |
| 人 | 人/m² | | **1** | 人 | | |
| | 顕熱 | 69 | | 69 | | |
| | 潜熱 | 53 | | 53 | | |
| | | 計 | | 122 | W | |
| 照明 | 25 | W/m² | | 2500 | W | |
| 装置 | 500 | W | **1台** | 500 | W | |
| その他 | | | **500** | W | | 単位負荷 |
| | | 全負荷 | | 3622 | W | @　36.2 |
| | | 顕熱負荷 | | 3569 | | W/m² |
| | | SHF | **0.985** | | | |

この状況で 8 馬力型（16 ℃ WB 換算冷房能力 15.2 kW，風量 4000 m³/h）を使用すると，吹出し温度差は 3.4 ℃ となり，室内温度の変化による発停が繰り返される．室内負荷のほとんどが顕熱であり，水分量の変化は極めて少ないと想定される．

このことが，湿度異常を確認させることを遅らせた要因だと思われる．

竣工引き渡しの時点では顕在化していないが，「運用の状況」によっては，想定された性能の維持が困難となった事例である．

　このような場合，運用状況の変化（在室人員の変化・装置類の稼働状況の変化）を設備管理者に報告してもらうことは通常では望めない．湿度異常の事実だけを見ていても問題解決の糸口は見つけにくい．

　恒温恒湿室のような特徴的な部屋の使用者は，必ず温湿度などの記録を取っている．この記録と「熱源機器の運転状況」を照らし合わせて，「在室人員などの運用状況の変化」や「気象などの外的要因の変化」などがなかったか，といった詳細な内容を，関係者の立ち合いで検分することになる．

　設備管理者が作成・管理する「機器運転記録」では，機器の異常についての記録が主目的である．このような特殊な使い方を目的とする場合には，目的に合わせた管理項目を決めて作成・管理する必要がある．また，機器の状態に加えて「部屋の運用状況」に沿った「空調負荷となる室内の発熱状況」についての記録を明らかにすることが有効である．

［コーヒーブレイク］

パッケージエアコンは「使いやすい」，「合理的な機器構成」など，メリットの多い製品だが，反面「標準条件と異なる使い方」や「負荷が特徴的な場合」などでは，注意点の理解が必要である．

### ＜パッケージエアコンの性能チェック＞

最近のパッケージエアコンの特徴として「省エネ性能の向上」があるが，この特徴がゆえのデメリットもあることを理解したい．

例えば，除湿性能の場合，省エネの観点から，冷媒の蒸発温度を「高めにセット」されている傾向があるので，当然のことだが，「除湿性能が低下」する．

また，送風量が比較的大きい機種もある．一般室用として利用する分には「吹出温度差が小さく快適性を重視した」製品といえるが，用途が異なれば，それは「トラブルの種」ともなりかねない．

顕熱負荷が大きい場合には，顕熱チェックは欠かせない．パッケージエアコンの場合には，標準の送風量が決まっており「ある範囲」を超える場合には，別置きのファンを設置するなどの工夫が必要である．

こういった「特別な使い方」をする場合に落とし穴にはまらないように，「使用制限」や「注意事項」をよく理解して，トラブルとならないように注意したいものである．

■ NOTE

# 1.12 空調機コイルの凍結防止

●●●●●●●●●●●●●●●●●●●●●●●●●●●●●●●●●●●●●●●●●●●●●●

地球温暖化といわれ始めて 30 年以上になるが，一方では「最強の寒波襲来」など低温警報をよく耳にする．熱媒体として身近な「水」を利用する限り，凍結に対する対応は欠かせない．

外気を取り入れる空調機は，温暖地以外では冬季の凍結防止対策が必要であり「温水の強制循環」や「予熱コイルの設置」などの対策が一般的に行われている．

## ■ 現象 ●●●●●●●●●●●●●●●●●●●●●●●●●●●●●●●●●●●●●●●●●●●●●●●●●●●●●●●●●●●

外気を取り入れている空調機について，夜間停止している場合では「凍結防止対策」として，

① 外気温が 5 ℃以下で冷温水ポンプの運転開始
② 冷温水制御弁の開度を 10 ％とする．

このような運用をしていたが，凍結を回避するに必要な水量が確保できずにコイルが凍結してしまった．

## ■ 原因 ●●●●●●●●●●●●●●●●●●●●●●●●●●●●●●●●●●●●●●●●●●●●●●●●●●●●●●●●●●●

空調機の冷温水制御弁は，特性がイコールパーセントの弁であり，開度（一般的には，ストロークの比を表す）が 10 ％であるから「冷温水量も最大値の 10 ％流れる」と考えるのは，間違った埋解であった．図 1-12-1 に制御弁の一般的な特性を示す．

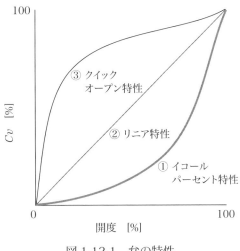

図 1-12-1　弁の特性

　また,「凍結防止の目的で, 通常時流量の 10 ％を確保」としていること
に疑問がある.

　暖房時の加熱温度差 (空気側) を ≒ 25 ℃としたとき, 凍結防止のために
は最低気温 − 10 ℃から + 5 ℃までの加熱を考えれば, その比 (15/25) は
60 ％である. 10 ％の流量で充分とは考えられない.

　本事例では,

①　安易に「凍結防止策」として, 弁開度を 10 ％とした.

②　イコールパーセントの特性を理解していなかった.

③　本当に必要な水量を把握していなかった.

　以上がトラブルの原因である.

## ■ 改善策 ••••••••••••••••••••••••••••••••••••••••••••••••••••

配管の概略回路を図 1-12-2 に示す.

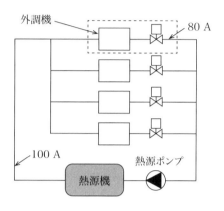

図 1-12-2　概略回路

　はじめに，制御弁サイズの決定と弁開度・流量の関係を明らかにする.
表 1-12-1, 図 1-12-2 に代表的な 2 方弁の仕様と流量特性を示す.

① 　流量特性によって，弁の開度 (ストローク) に応じた $Cv$ 値が与えら
　　れ，弁前後の差圧と $Cv$ 値から流量が求められる.

② 　設計流量：400 L/min, 弁差圧：30 kPa の場合では，弁定格 $Cv$ 値：52
　　を得て，弁サイズを 50A として試算する.

③ 　弁開度 [%] ごとの $Cv$ 値と弁の差圧から「弁開度ごとの流量を求めた
　　グラフ」を図 1-12-4 に示す. ここから，10 % (40 L/min) の流量を得
　　るためには，37 % の弁開度が必要であることがわかる.

　＊ 開度ごとの流量[L/min] ＝ (各開度の$Cv$値 × $\sqrt{バルブ差圧 [kPa]}$ ÷ 0.7 の式で算出できる.

表 1-12-1　2 方弁の仕様（抜粋）に加筆

## 定格 Cv 値・固有レンジアビリティ

| ポートサイズ | (A) | 4 | 6 | 7 | 8 | 10 | 15 | 20 | 25 | 32 | 40 | 50 | 65 | 80 | 100 | 125 | 150 | 200 |
|---|---|---|---|---|---|---|---|---|---|---|---|---|---|---|---|---|---|---|
| | (B) | — | 1/8 | 3/16 | 1/4 | 3/8 | 1/2 | 3/4 | 1 | 1 1/4 | 1 1/2 | 2 | 2 1/2 | 3 | 4 | 5 | 6 | 8 |
| 定格トラベル (mm) | | 15 | | | | | | | | 20 | | 25 | 38 | | | 50 | | 65 |
| 定格 Cv 値 | コンタード形 | 0.15 | 0.4 | 0.8 | 1.5 | 3.0 | 5.2 | 9 | 16 | 22 | 32 | 52 | 85 | 125 | 205 | 300 | 420 | 640 |
| | クイックオープニング形 | — | — | — | 2.0 | 3.5 | 6 | 10 | 18 | 25 | 40 | 60 | 90 | 135 | 220 | 350 | 460 | 800 |
| レンジアビリティ (Eq%) | | 50:1 | 100:1 | | | | | | | 50:1 | | | | | | | | |
| レンジアビリティ (リニア) | | 30:1 | | | | | | | | 50:1 | | | | | | | | |

［出典］株式会社本山製作所「グローブ型単座弁カタログ」より
（https://www.motoyama-cp.co.jp/.assets/MCJ-B4102T.pdf）

## 流量特性

■標準コンタード形プラグ　イコールパーセンテイジ（P）

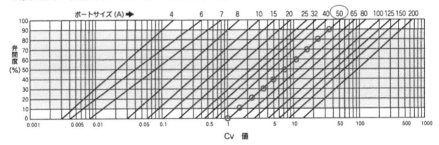

図 1-12-3　流量特性（抜粋）に加筆

［出典］株式会社本山製作所「グローブ型単座弁カタログ」より
（https://www.motoyama-cp.co.jp/.assets/MCJ-B4102T.pdf）

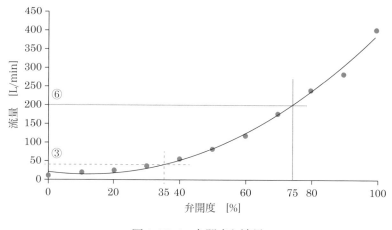

図 1-12-4　弁開度と流量

コイルの凍結防止については，

④　暖房のコイル設計時に「凍結防止に必要な流量をメーカー確認」して，余裕率も含めて確定しておく．

⑤　その際に，現地の気象条件や運用状態等についての「選定条件」を明確にしておく．

本事例の場合，

⑥　温水流量：400 L/min，弁サイズ：50A，凍結回避流量：200 L/minが必要であれば，図 1-12-4 から 75 % が求める開度であることがわかる．

## ■ 教訓

凍結防止策は種々あるが，これで完璧 !! とはいえないことが多い．完全自動が落とし穴となって，起こる事故，装置の点検後，復旧が不完全でトラブル発生，など枚挙にいとまがない現状ではある．だからこそ，設備技術者の豊富な経験と速やかな実行力が問われる．

コイルの凍結防止策として，冷温水を循環させる手法はよく採用されているが，以下の点に注意して採用されたい．

## ＜コイルの凍結防止策・注意点＞

① 空調機は，運転停止中でも，制御弁を開けて通水する．管内温度の低下時には，考慮すべき最低外気温によって，必要な保管温度・循環水量は異なる．

② 2段のコイルでは，上部と下部で「必要とするコイル内の流速」が異なることから「いずれも満足できる性能が必要」である．

③ 空調機の運転中では，冷温水コイルでは，冷却能力で設計すると暖房時に過大設計となり，必然的に水量を絞り過ぎる．このような場合は送水温度を下げるなどの対応で，最小水量を確保する工夫が必要である．

④ 外気温によってポンプを起動させる場合には，自動弁を全開とさせると「過剰な水量が流れる」ことになり，「室内の環境が乱れる」ことがある．このことを承知して，必要に応じて最小開度を保持させる．

## ＜類似事例：全外気空調機のコイルが凍結＞

全外気空調機は送風量のすべてが外気である．外気の取り入れダクト面積が給気側のダクトと同じであり，非常に大きい．コイルへの影響も顕著であり，寒冷地でなくても数年に一度は到来する寒波への凍結対策は欠かせない．比較的温暖な地域でもコイルが凍結した事例である．

### ■ 現象 ●●●●●●●●●●●●●●●●●●●●●●●●●●●●●●●●●●●●●●●●●●●●●●●●●●●●●●●●●●●●●

普通の年には問題とならなかったが，10年ぶりに寒波が到来した．夜間に全外気空調機のコイルが凍結破損し，翌日の空調運転ができなかった．

凍結対策として空調機内に温度調節器を設置している．設定温度以下になると2方弁を全開にして，二次ポンプを運転する．二次ポンプは起動と停止を繰り返して過剰な送水量とならないような設定としている．

寒気の侵入が長時間続き，二次ポンプは起動／停止を繰り返した．それでも凍結を防止することができず，コイルが凍結・破裂に至った．

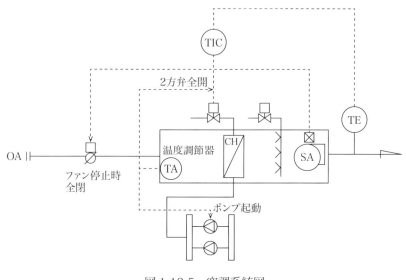

図 1-12-5　空調系統図

### ■ 原因

① 風速，風向の影響で外気ダンパが全閉時でも空調機に冷気が侵入し続けた.

② 間欠運転サイクルが長かったためポンプ停止中にコイルが凍結した.

③ タイマーの設定は 40 分運転／ 20 分停止だったが，明確な根拠はなかった.

### ■ 改善策

① 準寒冷地 [*1] の場合：外気温度または空調機内温度が 5 ℃以下で，空調機の温調弁を全開にして，ポンプは連続運転することで回避できる.
（図 1-12-9）

　寒冷地 A [*1]，B [*2] では，予熱コイルによる凍結防止が必要である.

*1　準寒冷地：過去 10 年間の最低気温の平均値が概ね 0 ℃以下となる地域

＊2　寒冷地A：過去10年間の最低気温の平均値が概ね－10℃以下，－5℃以下となる
　　　　地域
＊3　寒冷地B：過去10年間の最低気温の平均値が概ね－5℃以下となる地域
■　寒冷地の定義は空衛学会書籍より引用
　　「東北地方の給排水衛生設備と空調設備の凍結防止対策」より

② 　凍結防止専用ポンプを設置する（図1-12-10）
③ 　凍結防止電気ヒータを組み込む．この場合は温度調節器と温度ヒューズを共に組み込む（図1-12-11）．

## ■ 教訓 ･････････････････････････････････････････････････････ ●

・　凍結防止装置は空調システムの「上位に位置する」安全装置であり，凍結の可能性が高い場合には「自動に頼る」のではなく，手動で「確実な凍結対策の操作」を実行することが肝要である．

・　コイルが凍結する要因は，気象条件に従うので，凍結のおそれがある状況であれば，ポンプは連続運転とするべきである．「省エネ」の観点から一定の間欠運転サイクルで運転するなどは，とても推奨できない．

・　省エネの対応で効果が期待できるのは，「継続的で汎用性のある」動作や行為に対してである．「凍結防止」のような緊急対応に適応させて，あえて危険にさらすことの無意味さを理解したい．

・　空調機の停止と連動して通常は外気ダンパを閉止しているが，全閉時の漏れ量が少ない高気密ダンパを選定すること．かつ，風向・風速など地域性への更なる配慮が必要である．

・　空調機内に温度検出器を設置する場合は，冷気の溜まりやすい下部付近とする．

**［コーヒーブレイク］**

　参考に，代表的な各地の最低気温についての気象庁データをグラフ化したものを示す．

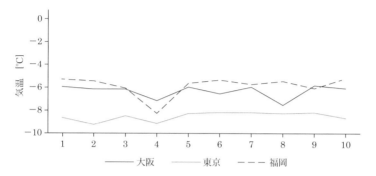

・各地ともに，－5℃を下回ることが予想されることから，重要な
　対象物では，－10℃よりもさらに安全な領域までを含めた対策
　が必要と思われる．

図 1-12-6　各地の歴代最低気温

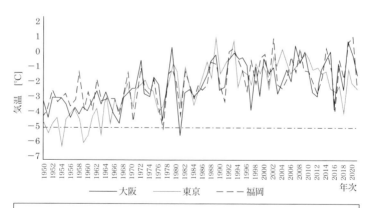

・年度の推移とともに，確実に環境の変化があることがわかる．
・ただ，－5℃程度の最低気温は「かなりの頻度」で出現している
　ことから，対応を講じておかなければならない．

図 1-12-7　各地の日最低気温推移

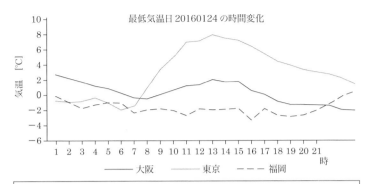

最低気温日 20160124 の時間変化

・最近の最低気温は2016年1月24-25日に出現している.
・最低気温を記録した日は，かなり長時間にわたって「氷点下」を
維持していることがわかる.福岡の事例では，ほぼ，1日氷点下
であった.

図 1-12-8　最低気温日の時間変化（2016 年 1 月 16 日）

[参考] 気象庁「過去の気象情報検索」より
（https://www.data.jma.go.jp/obd/stats/etrn/index.php?sess=6ef525a9
cdef28cea634ce58ca736e68）

　コイルの凍結防止は,「これが完璧な対策」とはいえない現状があ
り，数年に一度の「寒波襲来」では,各地でたくさんの凍結事故が起
きているのも現実である.

　重要なシステムでは,多重な「保安措置」を組み合わせて設置し,
より信頼性の高い対策とすることが重要である.

　常時使わないシステムではあるが,いざ鎌倉！そのときに使えない
ようでは意味がない.基本的には,「フェールセーフ」の考え方を取り
入れた信頼性の高い,単純な方法,だれでも扱える仕組みが望まれる.

　以下に凍結防止の基本事項を示し,注意点などを紹介する.

## 【凍結防止の基本事項】

### A：水を完全に抜く

　凍結する対象がなくなれば，事故にはつながらない．しかし，水を「完全に抜く」ことは困難である．標準的なコイルでは，水が抜けきらない．オールヘッダー式コイルなど比較的水抜きが容易な形式を選定するなどの工夫が必要である．

　さらに，水抜き・水張りを繰り返すことは，配管中に溶存酸素を供給することにもなる．

　作業の煩雑さと腐蝕の可能性が高くなることなど，弊害が考えられる．

### B：不凍液に入れ替える

　凍結温度を決めて，それに対応できる濃度の不凍液で系内を満たせば，凍結対策は万全と考えられるが，「濃度管理」や「保守費用」（定期点検・排水処理など）その他のコストを勘案することが必要である．

　比較的，凍結防止については信頼性の高い手法であるが，「不凍液の性能の維持」が絶対条件である．また，熱媒の温度変化や搬送装置・配管類の保守時における不凍液の漏れを防ぐなど，適切な保守・保全が求められる．

### C：水を凍らせない！

　水を別熱源で加熱，コイル内を循環させる手法である．簡便な手法としては，「コイルまわりを閉回路として，電気ヒータを組み込む」ことなどが考えられる．

　簡便なシステムであるが，2段，3段構えの安全対策を施すなど「事故防止」を十分に施してほしいシステムである．

## D：外気の遮断！

外気用ダクトにモータダンパ（MD）を設置して，ファンとのインターロックで「ファン停止時には，全閉」とする．もちろん，気密構造のダンパが望ましい．

ファン運転時は，暖房用の温水が循環していることから「凍結の心配はない」が，ファン停止に伴って温水制御弁が閉止されるとコイルが冷却されるために凍結の心配がある．したがって，「ファン停止後，時間をおいて制御弁を閉止」するような計装システムとすること．

起動時にも，温水の通水後に動作時間を配慮のうえで MD を作動させるようなタイマー設定が必要である．

いずれにしても，MD だけで「完全に外気の影響を除外できる」とは考えないことが肝要である．他の手法との併設が基本だと思われる．

以下に代表的な制御例を示す．

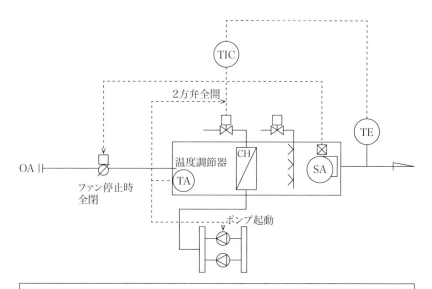

特徴：温度調節器の設置だけで，専用の設備が不要．安価．

**注意点：**

・温度調節器の設置位置は機内の冷気が溜まる場所に設置．
・凍結防止用に冷温水ポンプを起動する制御回路を単独で構成すること．

図 1-12-9　冷温水ポンプの起動でコイルに通水する方式

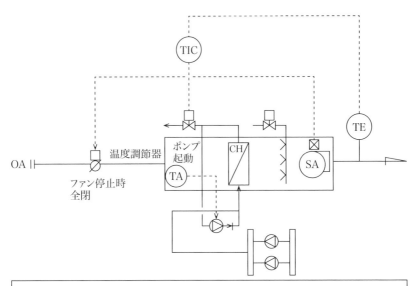

**特徴**：他の設備の影響を受けないで確実に凍結防止対策が行える.

**注意点**：
・温度調節器の設置位置は機内の冷気が溜まる場所に設置.
・電気，配管共に設備を組み込むスペースが必要.

図 1-12-10　凍結防止専用のラインポンプを設置する方式

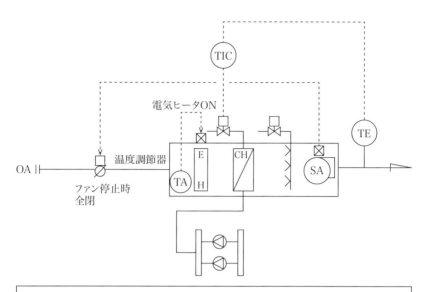

**特徴**：他の設備の影響を受けないで確実に凍結防止対策が行える.

**注意点**：
・温度調節器の設置位置は機内の冷気が溜まる場所に設置.
・機内にヒータと動力盤に回路を組込むスペースが必要.
・電気ヒータの組込みで回路に温度ヒューズなどの保安回路が
　必要.

図 1-12-11　凍結防止専用の電気ヒータを組込む方式

# 2章　流れと要因の探り方

・「暑い」・「寒い」のクレームが増えた．設備の老朽化の一言で，かたづけて良いのだろうか？

・冷温水や風量の低下も気になる．

・インバータを取り付けた．どの程度の効果があるのだろう？

・周波数の設定は，今のままで良いのか？

・やれることはすべてやった．しかし，エネルギーの使用量は思ったほど下がらない．

・他に，何ができるのだろう？

　トラブルは，原因がわからないと手が打てない．目に見合ない不具合は，手付かずのままとなる．

　しかし，多くは気づいている．何かが変だ！　何かが今までと違う．

　この暗黙知はどのようにすれば，見えてくるのか？想定外のトラブルに潜んでいる問題点を暴き，解決の糸口を探る．

・現場に備わる測定器を使って風量・水量を推計する．

・請求書のエネルギー使用量を分析し改善策の抽出につなげる．

　計測と見える化により改善策が見えてくる．そのノウハウを紹介する．

## 2.1 エアバランスの崩れによりクリーンルームが汚染された

　研究所や生産工程の一部でクリーンルームが必要となる場合がある．このような小規模なクリーンルームではパネルで区画し，エアコン，送風機と高性能フィルタからなる安価な空調システムが採用されるケースが多い．

　エアコンの操作回路はプリント基盤でつくられており，メーカーのアダプタを取り付けても外部からの操作は難しい．そのため，連動運転など操作ミスを避けるためのリレー回路が組み込めない．それぞれの機器を運転・停止するスイッチとリモコンだけが取り付けられるケースが多い．

　そのようなヒューマンエラーを防止する機能をもたないクリーンルームで，夜間や休日にエアコンと外気導入ファンを停止し，排気ファンのみ運転していたため開口部より埃が侵入し，クリーンルームが汚染された事例があった．

### ■ 現象

　半導体関連部品を洗浄するクリーンルーム（クラス 10000）で，省エネのために夜間・休日に外気処理と室内設置のエアコンを停止していた．仕掛かり品の保管はないが，室内に有機溶剤を保管している関係で，排気ファンは連続運転していた．

　1 週間の室内粉塵濃度の連続測定により夜間・休日の汚染が発覚した．静電気等の影響で埃が壁や天井面に付着し，起動後の室内粉塵濃度が管理値に落ち着くのに 4 時間を要することもわかった．

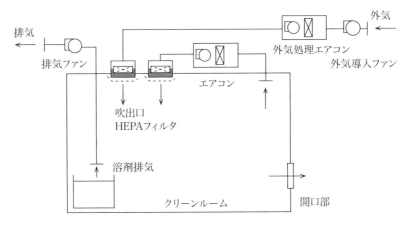

図 2-1-1　簡易型クリーンルーム

## ■ 原因

　クリーンルームで外気導入を停止し，排気ファンのみ運転したため室内が負圧となり夜間・休日に開口部より埃が侵入した．現場の担当者が空調システムを十分に理解していなかったのが最大の原因である．空調運転を開始すれば，短時間に室内の清浄度も回復すると誤解していたのも要因の一つである．

## ■ 改善策

　年末・年始等の長期休暇時には溶剤を抜き取り，すべての機器を停止することにした．長期の休暇明けはエアコン，排気ファン等の運転開始を操業の 4 時間前とした．夜間・休日には排気ファンと共に外気処理エアコンを送風のみで運転することとした．

■ **教訓** ……………………………………………………………………………… ●

　エアコンを起動すれば 15 〜 20 分で室内温度が安定するので，清浄度も
その時間で回復するとの誤解があった．静電気により壁や天井に付着した
埃は短時間には除去できない．

　温湿度や室内圧力は容易に測定できるが，清浄度は比較的高価な測定器
が必要となる．しかし，品質確保の目的で設けられたクリーンルームでは
年に数回の清浄度測定を実施したい．フィルタの目詰まり等で風量も変わ
るので，年に数回の頻度で風量の測定も必要である．

　空調システムを図で表せば，排気ファンだけを運転すれば室内が負圧に
なることは容易に理解できる．現場に簡単なシステム図と運転マニュアル
を掲示することにより，ヒューマンエラーを防止できる．

［コーヒーブレイク］

空気中の浮遊物質濃度を規定レベル以下に管理するクリーンルームは半導体，医薬品，食料品等で多く見られる．近年，製品の品質確保をサプライチェーンと一体で取り組む必要性が高まりクリーンルームの裾野は広がっている．

クリーンルームはエネルギー費がかさむので，非生産時には空調を停止したい．しかし，仕掛かり品の汚染や立ち上がり時間の確保，さらには納入先の承諾などハードルは高い．

大型のクリーンルームでは非生産時のエネルギー使用量を削減するための運転モード切り替え（換気回数や温湿度設定条件の緩和など）機能を有する場合がある．小型のクリーンルームでは設計に盛り込まれるケースは少ない．しかし，1年の半分以上を占める非生産時間帯のエネルギー使用を削減する方策は講じたい．

① 空調停止（ただし，換気は運転する）
② 陽圧維持に必要な換気ファンの運転
③ 仕掛かり品の移設

など，生産担当者と一緒になり対応策を検討したい．

室内の清浄度や室内圧力など管理値に維持できているかを確認できるデータを収集することも重要である．

## 2.2 クリーンルームで冷暖房同時運転により混合損失が生じた

2.1 と同じく，エアコンを用いた小規模クリーンルームのトラブル事例を紹介する．

清浄度と共に温湿度制御が要求されるため，エアコンと電気ヒータ，蒸気加湿器で温湿度調整する方式が採用されていた．

施工業者の竣工時の操作説明は不明であるが，竣工当初からエアコンは通年冷房運転され，電気ヒータと蒸気加湿器で再熱，再加湿されていたようである．

クリーンルームであっても内部発熱が少なければ，冬期には暖房要求となる．12 ～ 2 月には冷房と除湿が必要ないので，エアコンを冷房から暖房運転に切り替え，混合損失を防止した．これにより，過冷却負荷と共に，再熱と加湿負荷を削減した．

### ■ 現象

化学工場の一角に設けられた研究所のクリーンルーム．24 時間運転で室内の設計条件は温度：23 ± 2 ℃，湿度：50 ± 10 %，清浄度：クラス100 である．冷房が不要な時期にもエアコンを冷房運転していたため，電気ヒータとの混合損失により，無駄な電力を消費していた．

冬期に現場を巡回したとき，エアコンの室外機から温風が出ていたためエアコンが冷房運転をしていることがわかった．ドラフトチャンバーの排気風量が多く，外気が循環風量の 40 % を占め，室内の発熱量が少ないためエアコンの冷房運転が必要となる期間は限られる．

12 月～ 2 月は冷房運転が不要となることがわかり，運転方法の改善による電力の削減率は 36 % であった．

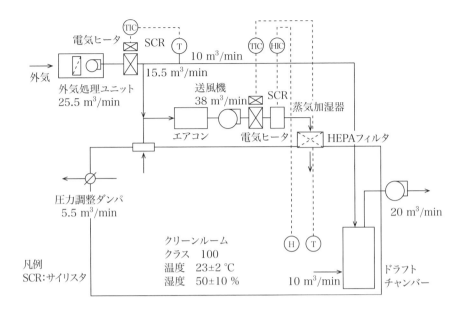

図 2-2-1　クリーンルームの空調システム

## ■ 原因

　施工業者による操作説明が不十分で取扱説明書の記載内容が難解であった．研究所は工場の設備管理者の管理対象外で日常の運転管理は研究者に任されていた．混合損失が生じていても室内空気環境は条件に収まり，研究に支障がなかったことも無駄を発見できなかった要因でもある．

## ■ 改善策

・　操作パネルに季節別の各機器の運転モードと設定値を掲示した．
・　設備管理者の巡回点検項目に研究所の設備も追加した．

表 2-2-1　運転パターンと設定値

| 機　　器 | 夏期・中間期（3～11月） | | 冬期（12～2月） | |
|---|---|---|---|---|
| | 運転モード | 設定値 | 運転モード | 設定値 |
| 外気処理ユニット | 運転 | ― | 運転 | ― |
| 電気ヒータ | 運転 | 10 ℃ | 運転 | 20 ℃ |
| **エアコン** | **冷房** | **20 ℃** | **暖房** | **22 ℃** |
| 電気ヒータ | 運転 | 23 ℃ | 運転 | 23 ℃ |
| 蒸気加湿器 | 運転 | 50 ％ | 運転 | 50 ％ |

（備考）送風機はエアコンと連動運転

## ■ 教訓 ·················································

　照明設備や通常のエアコンなどの単独機器の無駄運転はわかりやすい.
不在時の点灯や運転, 冷やしすぎまたは, 温めすぎが無駄運転となる.

　ところが, 多数の機器（要素）が集まって, 一つの機能を発揮するシステムでは運転パターンが多数ある. 運転条件によっては運転パターンを限定するが, 多くの場合, 違った運転パターンでも同じ結果を得ることができる. ましてやプロセスの設定値を含めると運転のパターン数は多い.

　室内空気環境（結果）は同じでも運転パターンによりエネルギー消費量に差が生じる. 最適運転とは最小のエネルギーで同じ結果を得ることができる運転をいう. 最適解を容易に求めることはできないが, システムの特性を理解し最適運転に近づける努力が必要である.

**［コーヒーブレイク］**

　空気調和・衛生工学会では「エアコン」と「空気調和機」は同義語としている．省エネ法ではセントラル空調システムを「空調設備」，空調システムを構成する空調機を「空調機設備」と称している．

　ここでは「エアコン」を圧縮機，熱交換器，送風機，制御装置をまとめて収納された機器とし，「空調機」をフィルタ，熱交換器，送風機，加湿器などで構成される機器として話を進める．

　エアコンは決められた仕様で大量生産されるもので，据付・取扱が容易で設備費も安い．一方，空調機は個々の要求仕様に合わせて設計・製作される．すなわち，エアコンはレディメイドで空調機はオーダーメイド品である．

　エアコンには店舗や事務所などの一般用途以外に中温，恒温・恒湿，全外気など多くの機種が揃っている．使用条件に合った機種を選定することになるが，仕様を変更できる幅は狭い．その機器の仕様に合わせた設計が必要となる．

　風量や機外静圧に関する制約以外に室内・室外の温湿度にも運転可能範囲が設定されている．エアコンには図 2-2-2 のような室内空気の運

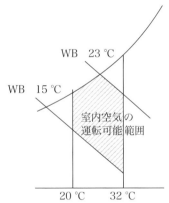

図 2-2-2　エアコンの
　　　　運転可能範囲（例）

転可能範囲が設定されている．この図はこの空気条件内にあればエアコンは運転可能ということであり，室内をこの範囲の温湿度にコントロールできるわけではない．室内温湿度は空調負荷とエアコンの運転能力のバランスにより決まる．

　エアコンのケーシングの断熱は万能ではない．湿度が 80 ％以上の部屋に設置されたエアコンで冷房運転すると，表面が結露することがある．中温，低温エアコンは原則として空調を行う室内へ設置する必要がある．

■ NOTE

## 2.3 空調機で「茶立虫」が発生した

　空調機とは空気の温湿度を調整する装置である．人間にとって快適な環境は昆虫や微生物にとっても快適環境となる．

　空調のダクト系において温湿度調整（冷却，加熱，加湿）の下流位置は温度が安定し，相対湿度が高い．24時間空調ではカビなどの菌が最も繁殖しやすい場所となる．

### ■ 現象

　24時間運転の収蔵庫系統空調機の活性炭フィルタで茶立虫が多量発生した．

---

### ～メモ～

　茶立虫：紙ダニ，本シラミとも呼ばれる茶色系の色をした体長1～
　　　　　2 mmの昆虫．カビ・ホコリを食べる雑食で，湿度が高く
　　　　　薄暗い場所を好む．直接人間に被害を及ぼすことはない．

---

### ■ 原因

　活性炭フィルタは空調機の冷却・加熱コイルの下流側に取り付けられていた．年間を通し24時間運転される恒温恒湿空調機のコイル下流位置は温度は安定し湿度が高い．また，活性炭は多孔質構造で炭素を主成分としており微生物にとっては快適な寝床になる．菌床（菌の培地）と快適な温湿度環境により活性炭フィルタにカビが発生し，カビが誘引して茶立虫が繁殖した．

　冬期の1週間連続測定した活性炭位置の温湿度測定結果を図2-3-1に示す．温度は10〜25℃，湿度は35％以上で，多くの実測値が茶立虫の餌となるカビの育成可能環境0〜40℃，湿度60％に入っていた．また，活性炭フィルタ表面の付着物を採取し，生物顕微鏡で拡大観察したところカビの菌糸や胞子が確認された．

　環境以外に活性炭フィルタの取り替えを怠ったのも茶立虫発生の要因となった．

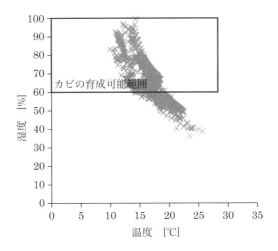

図2-3-1　温湿度実測データ・活性炭フィルタ位置

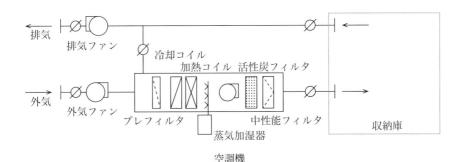

図2-3-2　空調システム

## ■ 改善策 ……………………………………………●

- ・　空調機内部を清掃・殺菌後，活性炭フィルタと中性能，プレフィルタを取り換えた．
- ・　年に1回の頻度で空調機の内部を清掃・滅菌し，活性炭フィルタを交換することにした．
- ・　週に1回の巡回点検で，空調機内部に異常がないかを確認することとした．

## ■ 教訓 ……………………………………………●

　空調機のコイル下流位置は相対湿度が高く，カビが発生しやすい．活性炭フィルタは微生物にとって快適な寝床になる．頻度を定めて交換すると共に異常がないか定期的に確認する必要がある．新規に設計する場合には活性炭フィルタは冷却・加熱コイルの上流側に取り付けるのが好ましい．

　茶立虫は段ボール箱でも発生する．保管倉庫等では，湿度が高くならないよう適度な温湿度調整や換気を行う．また，壁や床面との間にスペースを確保し通風をよくする．長期保管を避けることも重要である．

［コーヒーブレイク］

　ビルの空気環境の測定データを見る機会が多いが，浮遊粉じんの量が「建築物環境衛生管理基準」である 0.15 mg/m³ を超えたデータを見たことがない．ほとんどが基準値より一桁小さい．

　室内浮遊粉じんの量が低くなった理由は，大気汚染の減少と禁煙・分煙効果にある．環境省が行っている環境大気測定局の測定結果では，令和2年度の浮遊粒子状物質濃度の全国平均は昭和50年度の5～6分の1にまで低下している．大気汚染防止法と車の排ガス規制等の効果と思われる．

　私が空調設備の設計に携わっていた頃には，喫煙による発生粉じんの量から換気・循環風量とフィルタ性能を設定していた．禁煙が一般化した現在，どうしているのだろうか？

　室内浮遊粉じんの量が基準値の10分の1まで下がった状況で，ビル管理者に「フィルタは不要ですか？」と質問すれば，ほとんどの方が「必要！」と答える．理由は年に数回の頻度で洗浄もしくは取り換えるフィルタの汚れにある．フィルタの付着物が人の肺や空調設備を汚染することをイメージするとフィルタを取り除く勇気はなくなる．

　ホルムアルデヒドは建材等に含まれる化学物質でシックハウス症候群の原因になると考えられている．その対策として建築基準法では居室に対して24時間換気が義務づけられている．安全性を考慮した建材が普及し，建設後数カ月経過し有害物質の放出がなくなった時点でも24時間換気は必要なのだろうか？（数週間で有害物質の放出は著しく低下するとの文献もある）　風呂場の防カビ効果等から住宅の24時間換気の重要性は理解できるが，ビルにおける24時間換気の必要性については疑問を感じる．

　新型コロナウイルスの感染防止として空調機の換気並びにフィルタの濾過効果は重要な意味をもつと思われるが明確な基準は確立されていない．

　環境と生活習慣，さらには働き方が変わろうとしている現在，ビルの室内空気質の管理基準についても見直す時期が近づいていると感じる．

表 2-3-1　建築物環境衛生管理基準（建築物環境衛生基準）

| 項　目 | 基準値 |
|---|---|
| 浮遊粉じんの量 | 0.15 mg/m³ 以下 |
| 一酸化炭素の含有率 | 6 ppm 以下※ |
| 二酸化炭素の含有率 | 1000 ppm 以下 |
| 温度 | 18 ℃以上※28 ℃以下<br>居室における温度を外気より低くする場合，その差を著しくしないこと |
| 湿度 | 40 %以上，70 %以下 |
| 気流 | 0.5 m/s 以下 |
| ホルムアルデヒドの量 | 0.1 mg/m³ 以下 |

※：令和 3 年 12 月 24 日の政令にて改正

■ NOTE

# 2.4 コージェネレーションシステムが冷却水温度異常で停止した

塩や砂糖が冷水よりも温水の方がよく溶ける経験により，物質は水温が高くなるほど溶解度（水に溶けることのできる限界の量）は大きくなると思われやすい．

冷却水の障害として熱交換器の表面にスケールが堆積する現象がある．スケール成分には炭酸カルシウムやリン酸化合物，シリカ等があるが，炭酸カルシウムによるトラブルが最も多い．

図 2-4-1 の炭酸カルシウムの溶解度は温度の上昇と共に低下することを表している．この溶解度特性により，配管系で最も温度の高くなる冷凍機の凝縮器や放熱用熱交換器などの表面で溶解度が低下するため，炭酸カルシウムが析出しやすくなる．

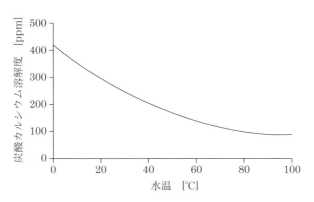

pHの上昇に伴い溶解度は低下する

図 2-4-1　炭酸カルシウムの溶解度（pH = 7.0）

## ■ 現象 ●●●●●●●●●●●●●●●●●●●●●●●●●●●●●●●●●●●●●●●●●●● ●

　コージェネレーションシステムで排熱温水温度が許容値以上に上昇し，保護装置が働き，エンジンが停止した．電力系統を連系しているコージェネレーションシステムで自家発電比率が高ければ，突然の発電機停止に負荷調整が追い付かず，逆潮流継電器等の保護装置が働き系統が解列する．コージェネレーションシステムの放熱用熱交換器のメンテナンスを怠ったために全館停電を招いた．

---

## 〜メモ〜

● **系統連系**

　コージェネレーションシステムで発電した電力と電力会社から受電した電力を接続する技術．発電機は低負荷ほど発電効率が低下するため発電機を定格連続運転し，電力負荷変動を買電にて調整する技術．

● **自家発電比率**

　最大需要電力に対する発電機の容量比率をいう．自家発電比率が60 ％を超えると系統解列の危険性が高くなる（逆潮流が許容される場合は除く）．

● **系統解列**

　送電系統を保護するために系統（この場合は買電）を切り離した状態．

---

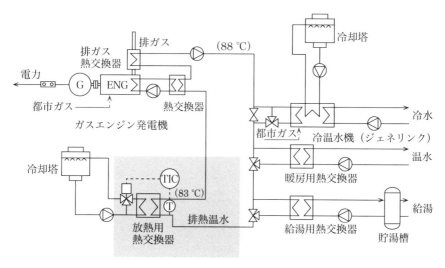

図2-4-2　コージェネレーションシステム（例）

## ■ 原因 ●●●●●●●●●●●●●●●●●●●●●●●●●●●●●●●●●●●●●●●●●●●●●●●●●●

　放熱用熱交換器（冷却水側）にスケールが堆積し，冷却水量が低下すると共に熱交換性能が低下し，排熱温水温度が上昇した．その結果，保護装置の働きにより発電機が停止した．

　冷却塔では水の蒸発により冷却水を冷やすため，冷却水に含まれる炭酸カルシウムやシリカ等のスケール生成成分が濃縮される．スケールの堆積によるトラブルを防止するためにブローによる濃縮倍率の管理や薬剤注入が併用される．

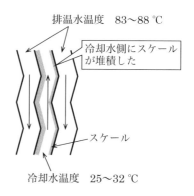

図2-4-3　プレート熱交換器におけるスケール堆積

　開放型の冷却塔で水質管理を怠ると濃縮された炭酸カルシウム等のスケールは温度の高い熱交換器表面に堆積し，様々な障害を発生させる．

表 2-4-1　補給水，冷却水の水質基準（日本冷凍空調工業会）と濃縮倍数の目安

| 項　目 | | 補給水 | 冷却水 | 濃縮倍率 |
|---|---|---|---|---|
| 全硬度 | [mg CaCO₃/L] | 70 以下 | 200 以下 | 薬剤投入なし　3 ～ 4 倍<br>薬剤投入あり　6 ～ 8 倍 |
| カルシウム硬度 | [mg CaCO₃/L] | 50 以下 | 150 以下 | |
| イオン状シリカ | [mg SiO₂/L] | 30 以下 | 50 以下 | |

（備考）　飛散による損失があるため，濃縮倍率＝冷却水濃度÷補給水濃度とはならない

## ■ 改善策

プレート型熱交換器を分解し，スケールを除去した．除去したスケールはバケツ一杯の量があった．冷却塔のブロー率を上げ，スケール生成成分の濃度を下げた．また，熱交換器の出入口温度と圧力を計測・記録し，伝熱効率の低下が見られたときには早めに分解清掃することとした．

　熱交換器にスケールが付着すると伝熱性能が低下する．伝熱性能の低下は温度効率を求めることにより定量的に評価できる．

### ● 温度効率

高温側を基準とする場合

$$\eta_h = \frac{T_{h1} - T_{h2}}{T_{h1} - T_{c1}}$$

低温側を基準とする場合

$$\eta_c = \frac{T_{c2} - T_{c1}}{T_{h1} - T_{c1}}$$

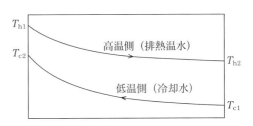

図 2-4-4　対向流熱交換器の温度分布

　コージェネレーションシステムでは $T_h$ は排熱温水温度，$T_c$ は冷却水温度が対応する．どちらの温度効率を用いても評価できるが，放熱用の熱交換器の目的を考えると高温側（排熱温水）を基準とした温度効率を用いた方が判断しやすい．

　図 2-4-5，図 2-4-6 の温度効率等のグラフを用いることにより伝熱性能を定量的に評価でき，伝熱面の清掃の要否を判断できる．

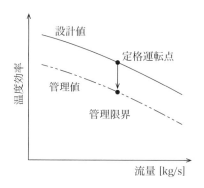

図 2-4-5　温度効率による伝熱効率評価

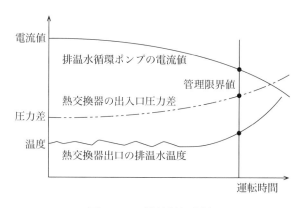

図 2-4-6　簡易評価方法

　温度効率にて伝熱性能低下を評価するには流量（コージェネレーションシステムで高温側を基準とした温度効率を用いる場合は排熱温水流量）を測定する必要がある.

　温度効率と流量を求めずとも，熱交換器出口の排熱温水温度や排温水循環ポンプの電流値，熱交換器の出入口圧力差でも熱交換器清掃の目安となる. この場合，事前に管理限界値を設定しておく必要がある. 管理の現場では1日単位の運転記録シートを用いられるケースが多いが，これだけで

は傾向がつかみにくい．図 2-4-6 のような温度，電流値等をグラフにすると傾向がわかり，伝熱面清掃の計画が立てやすくなる．

設計上の問題であるが，冷却用熱交換器の制御弁は排熱温水側に取り付け，スケールの堆積しやすい冷却水の熱交換器内の流量低下を避けるのが好ましい．図 2-4-7(a)の様に制御弁を冷却水側に取り付けると熱交換器に流れる冷却水量が低下し，プレート表面温度が上昇するためスケールがより堆積しやすくなる．

また，コージェネレーションシステム放熱用の冷却塔は冷却水が空気と接触しない密閉型が好ましい．

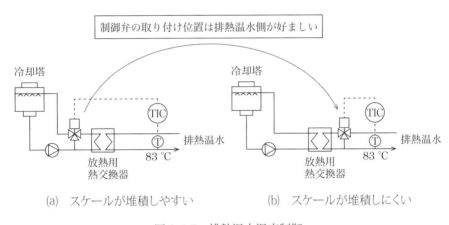

図 2-4-7　排熱温水温度制御

■ **教訓** ●●●●●●●●●●●●●●●●●●●●●●●●●●●●●●●●●●●●●●●●●●●●●●●●●●●●

トラブルに伴うダメージの大きさには差がある．熱交換器に堆積するスケールのトラブルを冷凍機の凝縮器とコージェネレーションシステムの放熱器でその違いを考える．

冷凍機では冷媒の凝縮圧力が上昇し，保護装置が働き冷凍機が停止する．冷凍機が複数台あれば全館の冷房停止は免れるが，室内温度の上昇は免れ

ない．コージェネレーションシステムにおける排熱温水はエンジン側から見れば冷却水であり，許容幅を超えるとエンジンが停止し最悪の場合には事例のように全館停電に至る．

設備の維持管理の意義は安全性・快適性の確保と維持コストの削減，省エネ・省$CO_2$にあり，どれもおろそかにはできない．しかし，トラブルは必ず生じるわけではなくその予測（発生時期，トラブルの大きさなど）は難しい．FMEA（故障モード影響解析）などの手法により科学的にトラブルを想定・評価ができるが，ビル管理に応用するにはハードルが高い．

ビル管理に携わる者は日常管理している設備でどのようなトラブルが発生するか，そのトラブルが発生した場合に安全性・快適性等にどのようなダメージが生じるかをイメージする力が必要である．そのためには管理している機器の構造・原理を理解すると共に，トラブル事例に関する情報にアンテナを張っておく必要がある．

 ［コーヒーブレイク］

1990年から2005年頃までの15年間はコージェネレーションシステムの全盛期であった．失われた10年といわれた低成長時代であったが，郊外に建設される大型のショッピングセンター（商業施設）でコージェネレーションシステムが多く導入された．

10000坪以上の大型のショッピングセンターで，なぜコージェネレーションシステムが導入されたのか？

① LED照明設備がない時代，こぞって店内照度を上げたため，10000坪のショッピングセンターの最大需要電力が2000 kWを超えた．

② 契約電力が2000 kWを超えると，特別高圧受電となる．

③ 特別高圧受電設備の投資金額がかさみ，スペースも必要となる．

④ コージェネレーションシステムを導入し，契約電力を 2000 kW 以下に抑えることができれば特別高圧受電を回避でき，特別高圧受電設備に必要となる費用とスペースをコージェネレーションシステムに活用できる．

契約電力

= 最大需要電力 − 自家発電機(コージェネレーションシステム)容量
　　+ 余裕分

⑤ 大型のショッピングセンターの空調は外気処理空調機と大型の天井吊り型ファンコイル方式が主流で，コージェネレーションシステムとの相性が良かった．

⑥ コージェネレーションシステムの廃熱は，空調熱源として利用できた．

冷房時：ジェネリンクもしくは温水吸収式冷凍機による冷水製造
暖房時：熱交換器を介して温水製造

その後，2011 年頃までコージェネレーションシステムの導入台数は減少したが，2012 年以降，持ち直し年間の発電容量は 20 ～ 40 万 kW と安定している．

小型(1 ～ 40 kW 程度)の内燃機関の効率が向上するとともに，BCP(事業継続計画)やレジリエンス(災害対応力)向上策としてもコージェネレーションシステムが見直されている．地球温暖化防止の観点から化石燃料の利用についてはブレーキがかかる可能性があるが，将来的には水素やアンモニアを燃料としたコージェネレーションシステムが開発され，利用は多様化すると思われる．

## 2.5 逃し弁の調整不良によりポンプ動力が増大した

機器や配管内部の圧力が異常に上昇することによる破損防止のために安全弁や逃し弁が用いられる.

ポンプの運転台数や能力制御,蒸気ではボイラの運転圧力や減圧弁の設定圧力を変更する場合がある.このときに,安全弁や逃し弁を同時に設定変更すべきことを見落とされるケースが多い.

冷熱源システムで冷水二次ポンプの吐出圧力を上げたときに逃し弁の設定変更をしなかったため,ポンプは定格能力で連続運転され動力を低減できなかった.

### ■ 現象

エネルギー監視システムのデータを用いて冷却熱量とポンプの電力使用量の散布図(図 2-5-2)を作成したところ,変流量システムを採用した二次ポンプの省エネ効果が発揮されていないことが判明した.

吐出圧(ポンプ揚程)一定制御ではポンプ動力は流量に比例する.インバータの下限流量以下の領域では,逃し弁が働きポンプ動力は一定となる.冷水温度差を一定(5 ℃)とすると,冷水量は冷却熱量に比例する.図 2-5-2 は一日の積算値で,計画通りならば鎖線近傍に分布する.

当事例では逃し弁の設定圧力が二次ポンプの吐出圧力設定値より低かったため,バイパス制御に近い運転となり冷水二次ポンプの動力は削減できなかった.二次ポンプの省エネ効果となるべき動力の 40 %が失われた.

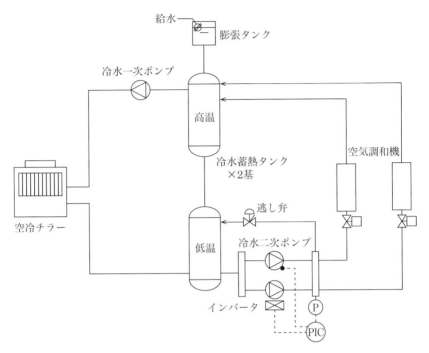

図 2-5-1　冷熱源システム

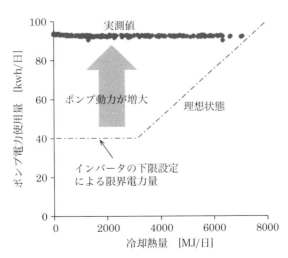

図 2-5-2　冷却熱量とポンプ電力使用量（日積算値）

## ■ 原因

逃し弁を確認したところ弁本体が結露しており，常時冷水が冷水蓄熱タンク側へ漏洩していることが判明した．ポンプの吐出圧力設定値よりも逃し弁の設定圧力が低いため，逃し弁で冷水が漏洩した．

## ■ 改善策

逃し弁の設定値を二次ポンプの吐出圧力より高めに設定し，逃し弁からの漏洩を防ぎ，二次ポンプの容量制御機能を回復させた．

## ■ 教訓

当システムは立型成層蓄熱タンクを2本直列に接続することにより冷水供給温度を安定化させる狙いがあった．逃し弁の接続位置が低温タンクの下部にあれば良かったが，逃し弁は通常作動しないとの考えにより低温タンク上部位置に接続されていた．その結果，バイパス流れにより成層が乱れ，冷水供給温度も不安定となった．

室内の温湿度ほどではないが，システム効率改善や運転を安定化させる目的で設定圧力は変更される．蒸気システムではボイラ本体，熱交換器，減圧弁装置など安全弁の取り付け位置は多い．安全確保のために安全弁の吹出管は屋外まで延長されるため，安全弁の放出に気づかない場合がある．

設定圧を変更した場合，他に影響を及ぼさないか？　安全弁や逃し弁，必要があれば密閉タンク圧力など設定値を見直す必要がないか？をシステム全体で確認することが求められる．

［コーヒーブレイク］

　逃し弁と安全弁は配管内の圧力を開放する目的を有し，区別されず
に使用されるケースが多い．JIS では安全弁と逃し弁を下記のように
規定している．

● **安全弁　JIS B 8210**

　あらかじめ設定した安全な圧力を超えることを防止するため，自
動的に所定量の流体を放出する．正常な使用圧力状態に回復した時点
で，再び閉止し，それ以上の流体を放出しないように設計された弁．

● **逃し弁　JIS B 8414**

　膨張水を排出し，温水用熱交換器の缶体内圧力を一定圧力以下に保
つために用いる温水機器用逃し弁．安全性と信頼性を確保することを
目的として，1982 年に JIS B 8414 が制定された．

　JIS では逃し弁を温水に限定し，安全弁より狭義に定義されている
ようである．

　言葉の意味から，安全弁は蒸気等の圧縮性流体を外部へ放出し，逃
し弁は液体を系内へ戻して所定の圧力に維持する弁と理解することも
できる．

　また，安全性を主目的にするために安全弁の開度特性は逃し弁より
も迅速になっている．

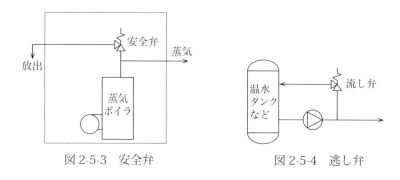

図 2-5-3　安全弁　　　　　　　　　図 2-5-4　逃し弁

　当事例では，その使用目的から「逃し弁」が選定されていた．図 2-5-5 の弁開度特性より逃し弁の方が，動作が緩慢で安定することがわかる．

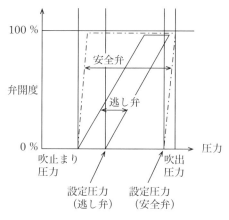

図 2-5-5　弁の開度特性

　二次ポンプの変流量システムでは，自力式の逃し弁よりもヘッダー圧力（もしくは圧力差）によるバイパス弁制御の方が，変流量制御との連携により圧力が安定し省エネ効果も向上する．圧力検出位置をヘッダーから配管の末端部に設置した「末端圧力制御」，もしくは流量によりヘッダー圧力の設定値を変更する「推定末端圧力制御」を採用すれば，より大きな省エネ効果が得られる．

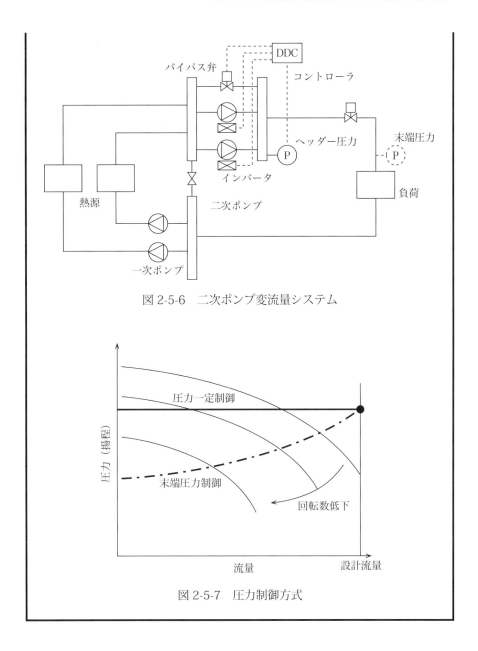

図 2-5-6　二次ポンプ変流量システム

図 2-5-7　圧力制御方式

# 2.6 ブラインが腐敗し冷凍機が停止した

　空気を 5 ℃以下に冷却したり，寒冷地で凍結したりする可能性がある場合には冷水や冷却水にブライン（不凍液）が使用される．ブラインは一般的にエチレングリコールやプロピレングリコールが使われる．グリコール系ブラインは有機物であり，腐敗と腐食を抑制するために防腐剤や防錆剤が添加されている．

　凍結温度が低いほどブライン濃度は高く設定される．凍結温度が高いために濃度を下げるとブラインに含まれる防腐剤と防錆剤の濃度も低くなる．低濃度のブラインは運転条件により腐敗や腐食が発生する場合がある．

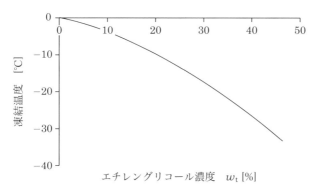

図 2-6-1　ブライン濃度と凍結温度

## ■ 現象 ................................................................●

　全外気の空調機（動物飼育室系統）で冷却コイルの凍結を防止するために，冷水にブライン（エチレングリコール）を使用していた．

　冷凍機が異常停止したため，ブラインタンクを点検すると異臭を放ち水面に浮遊物が見られた．ストレーナを分解すると固形物がたまっており，冷水の流量低下が原因で冷凍機の断水リレーが働き，停止したことがわかった．

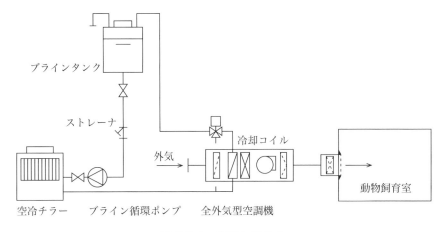

図 2-6-2　空調システム

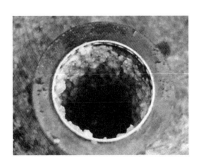

図 2-6-3　ストレーナ内の固形物

## ■ 原因 ......................................................●

ブラインタンクで空気が混入し微生物が繁殖した．その主な要因を整理すると

① 開放式ブラインタンクへの放水により酸素が混入し，溶存酸素濃度が上がった．

② ブライン濃度が低く（エチレングリコール 5 ％）防腐（防菌）効果が低下した．

　　初期濃度は 10 ％であったが，漏水により濃度が低下した．

③ ブラインの温度が比較的高く（＋ 5 ℃）菌の繁殖に好都合であった．

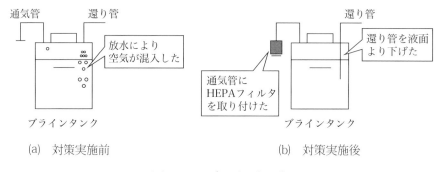

(a)　対策実施前　　　　　　　　　　(b)　対策実施後

図 2-6-4　ブラインタンク

## ■ 改善策 ......................................................●

タンクと配管内部等を洗浄後，20 ％濃度のブラインを再投入した．同時に下記対策を実施した．

① 還り管を液面より下げ，空気の混入を抑えた．

② 通気管に HEPA フィルタを取り付け，菌の侵入を防いだ．

③ 年に 2 回の頻度で水質分析を実施することにした．

## ■ 教訓 ……………………………………………………………………●

　エチレングリコール，プロピレングリコール等の不凍液は主成分が有機物のため条件が揃えば腐敗する．ブラインの濃度は凍結温度だけで決めるのではなく，殺菌効果を維持できる濃度とする必要がある．

　空気の混入は循環水の溶存酸素濃度を上げ，不凍液の腐敗だけでなく配管の腐食も進行させる．空気の混入，接触を抑える設計，管理が重要である．ブラインを使用した循環系統の冷水ポンプはメカニカルシールが用いられ，ポンプでの漏水は少ないが，水抜き弁や空気抜き弁からの漏水があると新水が供給され，ブライン濃度が低下する．ブラインを使用する配管系では漏水チェックや水質分析など通常の配管系よりも管理を強化する必要がある．

## ［コーヒーブレイク］ ─────

　車のラジエターにはクーラントと呼ばれる不凍液が使われている．昔はクーラントが減りオーバーヒートをよく起こしたので，エンジンオイルと共に定期的に点検したことを覚えている．車の性能が向上した今，車検と定期点検により車のメンテナンスはお任せ状態で，クーラントの存在すら忘れている．

　機器のトラブルと劣化を防ぐうえで冷却水や冷温水の水質管理は重要となる．ブラインには有機物が混入されている関係で，水冷媒よりも管理項目と注意すべき事項が増える．ブラインの量，濃度等の管理を行う．濃度によっては危険物としての取扱いが必要となる．廃棄する場合には，産業廃棄物として適正に処理する．

　蓄熱タンク等で多量のブラインを使用する設備では，ブラインの抜き取り・再投入だけでなく，サンプリング液の採取バルブ，配管のポケット部におけるドレンバルブ，さらには循環濾過設備の取り付けも検討する必要がある．

# 空調機の外気取り入れダクトで逆流が生じた

パイプ内の水やダクト内の空気の流れを容易に見ることはできない．ましてや流量を必要な精度で把握することはさらに厄介である．

空調機では還気（リターン）と外気が取り込まれ，温湿度調整後室内へ送風されるように設計され，そのように運転されていることに関し，疑問をもつ人は少ない．

ある展示場において外気導入量の適正化を図る目的で「省エネチューニング」を実施した．

外気を取り入れることにより，室内よりも送風空気の二酸化炭素濃度は低くなるはずがそうはならなかった．原因を調べたところ空調機の外気取り入れダクトが逆流していることがわかった．

## ■ 現象

外気取り入れダクトを共有する2台の空調機でダクト内の逆流により，1台の空調機（図2-7-1の空調機B）は外気導入量「ゼロ」の状態で運転されていた．空調対象が開口部の多い展示室で観覧者の滞在時間が短いため，実害はなかった．

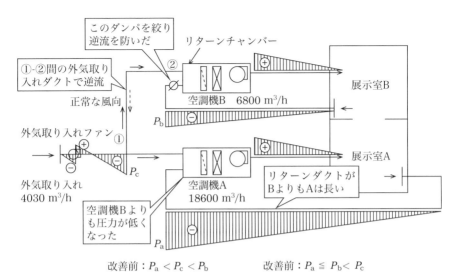

図2-7-1　空調システムとダクト内の圧力分布

## ■ 原因 •••••••••••••••••••••••••••••••••••••••••••••••••••••••••

　外気取り入れダクトを共有する2台の空調機A, Bのうち, 空調機Aの
リターンダクトが長くリターンチャンバー内の圧力が空調機BよりもAが
低くなり逆流が生じた. リターンファンが取り付けられていれば, 逆流は
生じなかった. また, 空調機A, Bの空調対象室(展示室)が隣接し, 完全
に区画化されていなかったのも要因の一つである.

## ■ 改善策 •••••••••••••••••••••••••••••••••••••••••••••••••••••••

　空調機Bのリターンダクトのダンパを絞り逆流を防いだ.

　竣工当初からの問題か, 竣工後の調整により逆流したのかは調整記録が
ないため, わからない. 5W1Hからなるメンテナンス履歴を電子データで
保管しておくと過去の調整を容易に検索できる.

　室内の炭酸ガス濃度が許容値(1000 ppm)より大幅に低かったので, 外
気導入量を設計値の70 %に絞り省エネを図った.

表 2-7-1　メンテナンス履歴（例）

| 年 | 月 | 日 | 作業場所 | 調整機器 | 作業内容 | 目的・理由 | 担当者 | 備考 |
|---|---|---|---|---|---|---|---|---|
| ○ | ○ | ○ | 展示場系統空調機 B | ダクト | リターンダンパの開度を調整した | 給気風量を増やすため | ○○ | |
| | | | | | 開度　○%→○% | | | |
| | | | | | | | | |
| | | | | | | | | |
| | | | | | | | | |
| | | | | | | | | |

■ **教訓** ··················································································●

　送風機が並列もしくは直列運転されるダクト系では期待通りの流れとなる保証はない.

　ダクト内の風速・風量の測定に熱線風速計が用いられるが風向はわからない. 逆流であっても風速は表示される. 吹出し, 吸込み等の制気口では風向を確認できるが, ダクト内の風向は容易に判断できない. ダクトに取り付けられている測定口からの空気の漏洩方向よりその位置が陽圧か負圧かの判断はできるが, ダクト内部の空気の流れ方向まではわからない. 今回は運転状態にある空調機のリターンチャンバーに入ることができたため, 外気ダクトの風向を確認できた.

　冷房もしくは暖房期で室内と外気温度との差が大きい場合には, ダクト内の空気温度によりダクト内の流れ方向を判断できる. 熱線風速計は空気温度も計測できるので, 空気温度も合わせて計測・記録した方がよい.

　正常状態では, 冷房時：外気温度＞室内温度, 暖房時：外気温度＜室内温度となる.

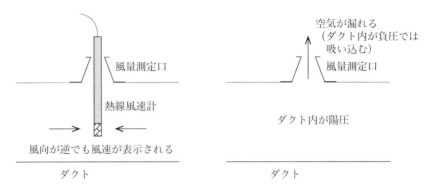

図 2-7-2　熱線風速計による風速測定　　　図 2-7-3　風量測定口からの漏れ

　逆流現象は送風機の並列・直列運転だけでなく，ダクト構造や外気風速の影響等により生じることがある．エルボやダンパ直後で偏流が大きければ分岐ダクト部で逆流を生じる．ガラリ等の開口部で外部風速を受けると動圧により逆流が生じることがある．

● **ダクト分岐部で生じる逆流**

　ガイドベーンがないエルボ直後では遠心力により外周部ほど風速が強くなる．高風速ほど偏流が大きくなる．ある条件を超えると内周部に接続されたダクト内は負圧となり逆流が生じる．

● **外部風速の影響**

　外部風速をまともに受けると動圧が働く．風速 $v$ が $20\,\mathrm{m/s}$ の動圧 $P_\mathrm{v}$ は

$$P_\mathrm{v} = 1.2 \times v^2 \div 2$$
$$= 1.2 \times 20^2 \div 2 = 240\,\mathrm{Pa}$$

　縮小ダクトにより断面積が小さくなる場合には縮流により動圧は増幅される．排気ダクトでは逆流の可能性が生じ，給気ダクトでは風量が増大する可能性がある．

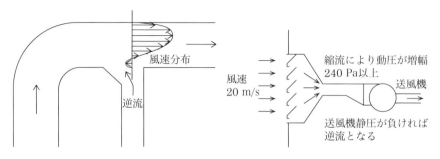

図 2-7-4　ダクト分岐部で生じる逆流　　図 2-7-5　外部風速の影響
　　　　　　　　　　　　　　　　　　　　　　　　（排気ファンの例）

 ［コーヒーブレイク］

　以上は逆流の生じた事例であるが風量が変動する要因は多い．給排気のバランス変動や共用シャフトに接続される送風機の運転台数，高層建築における煙突効果などがある．

● 共用シャフトに接続される送風機の運転台数

　風量は共用シャフトに接続される送風機の運転台数の影響を受ける．送風機の風量や静圧の違いが大きい場合，その影響度は増す．

● 高層建築における煙突効果

　高層建築物には階段室やエレベータ等の縦方向の吹抜け空間がある．この縦方向の吹抜け空間内温度と外気温度との差が大きいときに煙突効果が生じる．吹抜け部では，冬には上昇気流が，夏には逆方向の気流が発生する．この煙突効果の影響を受け送風機の風量も季節により変動する．

　煙突効果による建物上下方向の圧力差（例）

　建物高さ → $H$：40 m

　外気温度 → $t_o$：0 ℃

空間内温度 → $t_i$：20 ℃

煙突効果 → $\Delta P = H \cdot g \cdot (\rho_o - \rho_i)$ [Pa]     (1)

$g$：重力加速度　9.8 m/s²

$\rho_o$：外気の密度

$353 \div (273 + t_o) = 353 \div (273 + 0) = 1.29$ kg/m³

$\rho_i$：空間内空気の密度

$353 \div (273 + t_i) = 353 \div (273 + 20) = 1.20$ kg/m³

式(1)より，

$$\Delta P = 40 \times 9.8 \times (1.29 - 1.20) = 35 \text{ Pa}$$

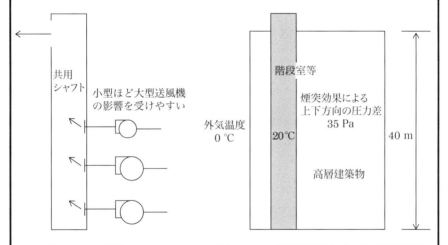

図 2-7-6　共用シャフト　　　図 2-7-7　高層建築物における煙突効果

　暑い寒いや換気不良さらには省エネ目的で風量を調整するケースが多い．風量調整はインバータの周波数やダンパの開度にて調整される．インバータでは風量は周波数に比例する．一方，ダンパ開度に風量は比例しない．風量測定にて現状の風量を把握したうえで目標とする風量に調整すべきであるが，風量測定は厄介であるうえに現場では正確に測定できない．

　その結果，風量は経験と勘に基づき調整され設計値から大きくずれ，空調・換気不良やエアバランスを崩し，増エネの要因となる場合がある．風量調整に役立つ「現場でできる風量推計」を 2.9 で紹介する．

冷暖房の能力不足，振動・騒音，流量・温度異常による熱源機器の停止，ポンプの過負荷など水量に起因するトラブルは多い．

手動，自動調整による流量変化だけでなく，機器の劣化，配管の腐食，スケールの堆積，バルブの太鼓落ちなど予測並びに状況判断が難しい要因は経年とともに増えてくる．

流量計等が取り付けられている系統については水量を計測できる．しかし，安価で多用されるフロート（浮き子）式の流量計は固着等により寿命が短く故障しているケースが多い．可搬式の超音波流量計を使えば測定できる．しかし，断熱材の取り外しが必要で，エアーや振動・騒音の影響で正確に測定できない場合もある．

水量を推計できるデータは圧力差（または揚程）とポンプの電力値に限定されるが比較的高い精度のデータが得られる．圧力やポンプの電力値から現場にて水量推計できる方法を紹介する．

## ■ 水量推計方法

水量推計には様々な方法がある．それぞれの長所と短所を整理する．

### ① 可搬式超音波流量計

配管にセンサ（変換器）を挟み，配管内に発射する超音波の伝搬速度の流速による違いにより流速を求める測定器．断熱材を取り除く必要があるが配管を加工せずとも測定できる．改良により配管の振動や気泡の影響を減らした測定器が開発されている．

測定精度は高いが，断熱材がある場合は取り外し・復旧が必要となる．高価な測定器のためレンタルされるケースが多いが，習熟には時間を要する．

## ② フロート式流量計

流速による浮子の位置（高さ）変化を利用した流量計で比較的安価である．構造が簡単だが故障しやすい．取り替えにより測定できるが，もともと取り付けられていなければ配管の改造が必要となる．

## ③ ポンプ動力による推計

ポンプの運転動力とポンプの性能曲線より推計する方法．動力盤に取り付けられている電流計は精度が低いので，できれば電力計を使いたい．電流と電圧値では力率がわからないので，力率を仮定し（0.80 〜 0.90）動力を求めることになるが，精度は落ちる．

インバータにてポンプの回転数を調整している場合は 2.10 に示すような方法で性能曲線を修正し推計することになる．

## ④ ポンプの圧力計による推計

ポンプに取り付けられている圧力計（もしくは連成計）を用いる方法．吐出圧力と吸込圧力の差がポンプの揚程になる．この揚程とポンプの性能曲線より流量を推計する方法．

インバータによる回転数変更がある場合には③と同様にポンプの性能曲線を修正して推計する．動力による推計と合わせて実施するのがよい．

## ⑤ 機器の圧力差による推計

冷凍機や空調機に接続される冷温水配管等には圧力計が取り付けられている．これらの出入口の圧力差と機器の仕様書に記載されている抵抗値より推計する方法．抵抗は流量の2乗に比例するものとして計算する．

## 例　ガス冷温水機　210RT

冷水の定格流量　127 m³/h　　圧力差（機内水頭損失）　84 kPa

この冷温水機の冷水出入口圧力差が，60 kPa であった場合

　　流量　　127 m³/h × (60 ÷ 84)^{1/2} = 107 m³/h

定格流量の 107 ÷ 127 = 0.84

つまり，84 % 近くまで低下していることになる．

機器の圧力差による推計方法が有効になるには下記の条件を満たす必要がある．

・　スケール等の付着により機内圧損が著しく増加していない．

・　推計に用いることができる圧力計の精度と分解能（識別できる最小目盛り）があること．

・　出入口の圧力計の取り付け高さに大きな差がなく，バルブ等の抵抗が影響しないように，バルブより機器側に圧力計が取り付けられていること．

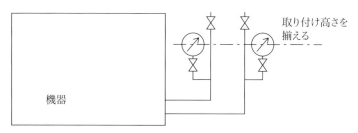

(a)　機器まわり

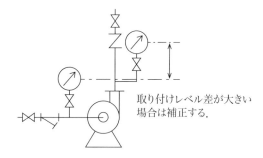

(b)　ポンプまわり

図 2-8-1　圧力計の取り付け位置

［コーヒーブレイク］

　故障している圧力，温度計や流量計が現場で散見される．費用の問題があるのかもしれないが，現況を把握することができる管理計器が重要視されていないことに寂しさを覚える．

　新型コロナの影響で体温測定は日常化し，病院でしか使用されなかった血中酸素濃度計も購入できるようになった．人間は五感により体調をある程度把握できる能力を有するが，健康管理計器を使えば体調不良を正確に把握できる．

　振動や騒音など五感により機器の異常を感知できる場合があるが，管理計器を活用すれば，測定値のトレンド（動向）により故障・異常の予知ができるだけでなく空調機器の高効率運転にも生かせる．故障している管理計器を取り換えるとともに，日常管理に測定データを活用したいものである．

## 2.9 現場でできる風量推計

　暑い・寒い，換気が悪い，結露，振動・騒音の発生など，もとをたどれば風量に起因するトラブルは多い.

　竣工時には設計風量に調整された状態で引き渡されるが，その後の使用条件の変化に対応するためにダンパや制気口（給排気口）は頻繁に調整される. フィルタの目詰まりや機器の劣化による性能低下の影響もある. 空調・換気設備は空調機，還気ファン，排気ファン，ダクト等で構成される. システムのどこかが変化すれば，大なり小なり他に影響を及ぼしバランスが崩れる.

　トラブルが大きくなり小手先の調整では対応できなくなった場合や，トラブルの原因を追及するには現状の風量が知りたくなる. しかし，複合ピトー管センサのような高価な風量計はクリーンルーム等の一部でしか採用されない. 多くの建物ではダクトに申し訳程度に取り付けられている測定口に頼ることになる. レンタブル比（事務所ビルの延べ床面積に対する貸室床面積比）を大きくするために機械室を限界まで縮小する多くの建物では直管ダクト部が少ないため，測定口も無用の長物となっているケースが多い.

　施工業者が竣工前に行うようにすべての制気口の風量を測定できれば風量を正確に求めることができるが，労力と時間以外に事務用機器等の障害物があり，測定は容易ではない.

　風量を推計するには，ダクト内の風速測定や圧力，ファン動力からの類推など様々な手段がある. どの手段も精度に問題があるが，測定方法を一つから二つ，三つと増やしていくと信頼度が増す. ここでは現場の状況に応じた様々な風流推計方法と，可能な範囲で測定精度をあげるためのノウハウを紹介する.

## ■ 風量測定方法 ‥‥‥‥‥‥‥‥‥‥‥‥‥‥‥‥‥‥‥‥‥‥‥•

　風量の測定方法は測定場所により変わる．測定場所に対応する風量の測定方法を表 2-9-1 に示す．

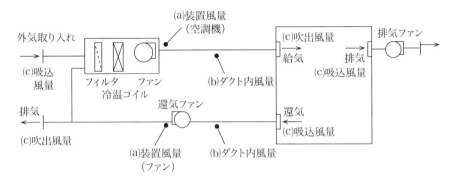

図 2-9-1　空調システムにおける風量測定位置

表 2-9-1　測定位置と風量測定方法（○印は適応を示す）

| 測定場所 | 測定方法 | | | |
|---|---|---|---|---|
| | ① 風量計 | ② 風速計 | ③ ファン動力 | ④ フィルタ圧損 |
| (a) 装置 | ○ | ○ | ○ | ○ |
| (b) ダクト | ○ | ○ | | |
| (c) 制気口 | | ○ | | |

（備考）　装置とは空調機やファンを意味する
　　　　　測定場所の(a), (b), (c)は図 2-9-1 の測定位置記号と対応する

　制気口やダクトの風量配分は重要であるが，その前に，空調機やファンなどの装置全体の風量を目標とする値に調整する必要がある．装置風量を推計するには様々な方法があり，それぞれ長所と短所を有する．

### ①　風量計を用いる方法

　風量を直接計測できる．現在販売されているものは複合ピトー管センサに限られる．測定精度は高いが高価なため，クリーンルーム等，風量が重要な意味をもつ設備で主に採用される．

### ② 風速から風量を求める方法

(a) 各制気口風量の合計値より装置風量を求める方法

　　測定用の筒などを利用すれば高い精度で測定できる．測定に時間と労力を要するだけでなく，什器，OA機器等の障害物により，一部の制気口で風量を測定できないことがある．

(b) ダクト風速による測定

　　最も一般的な方法であるが，測定の精度を上げるにはノウハウが必要となる．

### ③ ファンの動力より風量を推計する方法

　　送風機の運転動力と送風機の性能曲線より推計する方法．動力盤に取り付けられている電流計は精度が低いので，できれば電力計を使いたい．電流と電圧計を用いる場合は力率がわからないので，力率を仮定し（0.80 ～ 0.90）動力を求めることになるが精度は落ちる．

　　インバータやプーリー変更にて送風機の回転数が竣工時から変わっている場合は性能曲線を修正し推計することになる．回転計等を用いて送風機の回転数を求めることができれば推計の精度は上がる．

### ④ フィルタ差圧にて風量を推計する方法

　　フィルタが取り付けられている送風機（空調機等）で，フィルタの交換直後に限定されるが，比較的高い精度で風量を推計できる．

　　条件にもよるが，①を除いて高い測定精度を求めるのは難しい．しかし，測定方法を増やし，測定結果の総合的判断により推計精度を上げることはできる．現場で実施可能な測定方法は②(b)，③，④である．ここでは②(b)と④の測定・推計方法についてノウハウを中心に解説する．③については2.10を参照願いたい．

## ■ ダクト風速による風量測定 ･････････････････････････････ ●

ダクトに取り付けられた風量測定口に風速計を挿入し，風速を測定する方法である．現場にて多用される測定方法であるが，測定環境や測定方法により誤差が大きくなるケースが多い．ここでは，可能な範囲で測定精度を上げる方法について解説する．

**① 測定場所**

ダクト内の空気流れはダンパやエルボ，変形等により乱れている．極力，均一気流となっている測定位置を選択する．理想はエルボ，変形部からダクト直径の4倍以上の距離のある下流位置が好ましい．理想とする場所に測定口が取り付けられているとは限らないが，可能な範囲で最良の測定場所を選択する．理想する場所に測定口がなければ，増設も検討する．

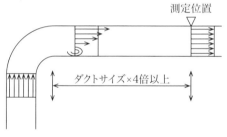

図 2-9-2　測定場所

図 2-9-3　測定口

**② 測定位置**

測定場所が決まれば風量を計測する測定位置を決めることになるが，JIS や HASS の規定を目安に測定口数を決定する．可能ならば測定口を増設し規定に近づける．

・測定口の数の目安

| | | |
|---|---|---|
| ダクトの長辺が300 mm 以下の場合 | 1 個 | |
| 300 ～ 700 mm | 2 個 | |
| 700 mm 以上 | 3 個 | |

　　奥行方向の測定位置は，風速計の棒に目印を付けておくと誤差を低減できる．

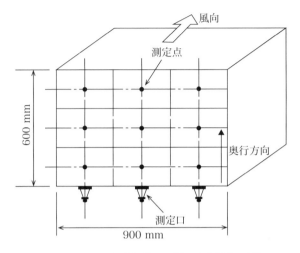

図 2-9-4　風速測定位置（簡易測定法の例）

### ③　風速計

　　ダクトの風速測定は測定口の穴径（15 ～ 20 mm）の制限により熱線風速計が使用される．センサは指向性があるもので，風速の最大，最小，そしてできれば平均値が表示できるものが好ましい．

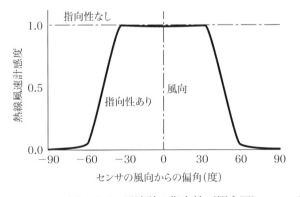

図 2-9-5　風速計の指向性（概念図）

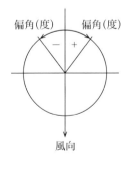

図 2-9-6　風向からの偏角

### ④ 風速測定方法

　風向と風速計の向きを合わせ，ダクトに垂直に挿入する．

　風速は測定位置だけでなく時間的にも乱れている．測定者の恣意が働き結果に影響しないようにルールを決める必要がある．1箇所の測定位置の測定時間を決める．（30秒程度が好ましい）平均値が得られる風速計では平均値を採用する．最大・最小値しか得られない測定器では最大と最小の平均値を測定値とする．

　測定結果を基にダクトサイズより風量を現場で算出する．測定風量が予測値と著しく異なる場合は，現場にて原因を明らかにする．現場を離れ時間が経過すれば，原因を特定できる可能性は低くなる．

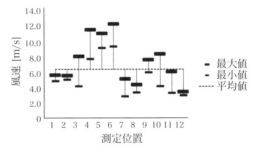

(a)　風速分布（乱れが大きい例）

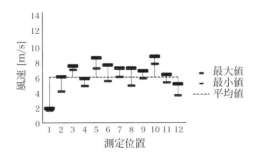

(b)　風速分布（乱れが比較的小さい例）

図 2-9-7　風速の乱れ

⑤　**測定風量**

　風量はダクトの断面積と平均風速にて求められる.

　　風量　$Q = 3600 \times S \times V$　[m³/h]

　ここで，$S$：ダクトの断面積　[m²]

　　　　　$V$：平均風速　[m/s]

　円形ダクトでは直径 $d$ から求まる円の面積がダクトの断面積（$\pi/4 \times d^2$）となる. 矩形ダクトではダクトのアスペクト（ダクトの縦と横の比）が大きいほど摩擦抵抗が大きくなるので，相当直径を用いる方が高い精度で風量を求めることができる.

　　　相当直径　$De = 1.30 \times (a \cdot b)^{0.625} \div (a+b)^{0.25}$　　　　　(1)

　ここで，$a$：ダクトの長辺長さ　[m]

　　　　　$b$：ダクトの短辺長さ　[m]

　相当直径から求まるダクト断面積 $S_e = \pi/4 \times De^2$ と単純矩形断面積 $S_s = a \times b$ の比を有効面積比（$S_e/S_s$）とし，アスペクト $R = (a/b)$ を変数として求めたものを，図 2-9-8，表 2-9-2 に示す.

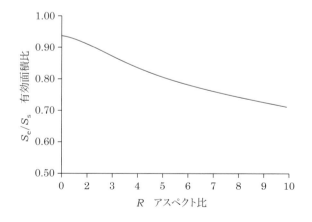

図 2-9-8　アスペクト比と有効面積比

表2-9-2 アスペクト比と有効面積比

| アスペクト比 $R$ | 有効面積比 $(S_e/S_s)$ |
|---|---|
| 1 | 0.94 |
| 2 | 0.91 |
| 3 | 0.87 |
| 4 | 0.84 |
| 7.5 | 0.75 |
| 10 | 0.71 |

アスペクト比が4.0ならば有効面積比は0.84となる．すなわち単純矩形断面積で求めた風量は16％大きくなることを意味する．式(1)にて相当直径を算出し風量を求めることができるが，図2-9-8の有効面積比 $(S_e/S_s)$ を使うと簡易に矩形ダクトの風量を求めることができる．

風量 $Q = 3600 \times a \times b \times (S_e/S_s) \times V$ [m³/h]

## ■ フィルタ差圧（圧損）による風量推計 ·····················•

フィルタ交換の目安とするためにフィルタには差圧計が取り付けられる．風量とフィルタ圧損をグラフ化した性能特性をメーカーが公開している．フィルタ交換直後は埃の目詰まりがないため，この性能特性を活用できる．フィルタの性能特性を使ってフィルタ差圧より風量を推計できる．フィルタが取り付けられた送風機に限定される方法であるが，最も風量を知りたい空調機にはフィルタと差圧計が取り付けられているので，これを利用しない手はない．

① **フィルタ性能特性**

メーカーが公開しているフィルタ性能特性の例を図2-9-9に示す．フィルタ圧損 $(\Delta H)$ は風量 $(Q)$ の指数関数 $(\Delta H = Q^n : n = 1.2 \sim 1.5)$ として表せるので，フィルタ性能特性は両対数グラフを用いられる．対

167

数のため読取には注意が必要である.

　図2-9-9で, 定格風量56 m³/minのフィルタを風量60 m³/minで使用すると圧損は92 Paとなる. よって, 空調機のフィルタ圧損が92 Paならば, 風量は60 m³/min, 圧損が80 Paならば, 風量は52 m³/minとなる.

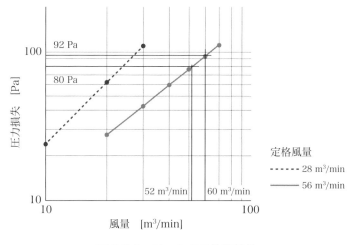

図2-9-9　フィルタの性能特性

## ② フィルタ性能特性による風量推計

　フィルタ更新直後のフィルタ圧損を図2-9-9の縦軸に固定し, 取り付けられているフィルタの性能特性との交点がフィルタ1枚あたりの風量となる.

　当方法の注意点を下記に列記する.

ⓐ　フィルタの性能特性から求まる風量はフィルタ1枚あたりの風量のため, 装置風量はフィルタの枚数を乗じる必要がある.

ⓑ　フィルタには異形サイズのものがある. 例えば, フルサイズが4枚でハーフサイズが2枚取り付けられている場合は, フィルタ枚数を4 + 2 × 1/2 = 5枚として計算する.

ⓒ　フィルタ性能特性はメーカーの保証値であり，若干の余裕を見込んでいる．性能曲線より求まる風量は，実体より小さくなる可能性がある．よって，実測のフィルタ圧損を５％程度高めに設定して読み取るのがよい．

ⓓ　圧力測定口の位置や導管の漏れなどによりフィルタ差圧を正確に表示しない場合がある．差圧計に表示される圧損が想定値より著しく異なる場合は，差圧計や導管等の点検を行う必要がある．

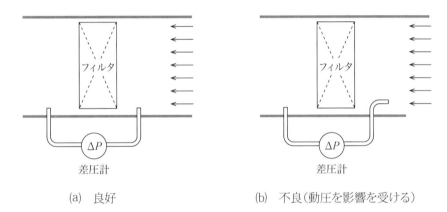

(a)　良好　　　　　　　　　　(b)　不良（動圧を影響を受ける）

図 2-9-10　フィルタの圧損測定

**［コーヒーブレイク］**

　現場にて測定した風量がどの程度の精度を有するかについての疑問が残る．真値がわからないため正確な測定精度を知る手段はないが，経験的には「±10％の測定精度があれば，良しとすべきである」と考える．

　風量測定の精度を下げる最大の要因として，ダクト内風速の不均一性と脈動を挙げることができる．風速の不均一はダクトの変形に起因する．ファンのサージングがなくても空気の圧縮性によりダクトとの共振により空気は脈動する．測定点と測定時間を増やすことにより風速の不均一性と脈動の影響を減らすことはできるが，制約の多い実務者にとってはどこかで妥協する必要がある．

　一般の空調設備（保健用空調）においてはシビアな風量調整は要求されない．測定の目的が暑い・寒い，換気が悪い，結露，振動・騒音などのトラブルを解決するための手段としての測定であれば，その目的を達成できる精度を確保できれば十分である．風量推計の精度上げるには測定方法を増やすとともに，測定環境が測定精度にどのような影響を与えるかのイメージを膨らますのも重要である．

# 2.10 ポンプ，送風機のインバータによる回転数変更

　ポンプや送風機など搬送機器の省エネを図る目的でインバータを取り付ける事例が増えてきた．

　既存設備にインバータを取り付ける場合，投資効果を予測できなければ予算申請は難しい．投資金額はメーカーの協力があれば算出できる．一方，省エネ効果は使い勝手を熟知した者でないと正確な試算ができない．無事予算化され，インバータが取り付けられた段階では周波数の設定に頭を悩ます．

　インバータに関するトラブル事例は多い．多くの事例が紹介されているが，周波数の設定と省エネ効果予測に関する参考書は少ない．ここでは，ポンプ，送風機の性能曲線が回転数を変更することによりどのように変化し，運転ポイントがどこに移動するかを数値解析により，求めることができる方法を紹介する．運転ポイントがわかれば，省エネ効果も理論式にて正確に予測できる．

## ■ トラブル事例

　インバータに関するトラブル事例は多い．ポンプ，送風機の回転数変更後の運転ポイントが理解できていないために生じるトラブルが多い．

・　周波数設定が低すぎ，水量，風量が不足する．
・　周波数設定が高すぎ，水量，風量が過多となり，省エネ効果が発揮できない．
・　定格周波数（50 Hz や 60 Hz）運転のためインバータの損失により，増エネとなった．
・　低速運転をしたためモータの冷却能力が低下し，モータが破損した．

- ・　過負荷によりインバータもしくはモータが破損した.
- ・　危険速度で運転したため，共振により振動が発生し結果として送風機のシャフトが破損した.

　インバータによる回転数変更による性能曲線の変化を理解し，管路抵抗曲線との交点より運転ポイントを予測できれば，インバータ取り付けによるトラブルの多くを回避できる.

## ■ 回転数と理論動力 ・・・・・・・・・・・・・・・・・・・・・・・・・・・・・・・・・・・・・・●

　流体機器であるポンプと送風機は単位を合わせば，同じ式にて動力を表せる.

### ① ポンプ，送風機の消費電力

　ポンプ，送風機の消費電力は圧力と流量の積に比例する.

　　　消費電力 [kW] ＝ 圧力 [kPa] ×流量 [m³/s] ÷ {(ポンプまたは，送風機効率) × (モータ効率) × (インバータ効率)}

　上式はポンプと送風機どちらにも適応できる.

　ポンプで圧力を揚程とするならば，

　　　圧力 [kPa]

　　　　＝ 重力加速度 9.8 m/s² ×水の比重 1000 kg/m³

　　　　　×ポンプの揚程 [m] × 10⁻³

　となるので

　　　消費電力 [kW]

　　　　＝ 9.8 ×ポンプの揚程 [m] ×流量 [m³/s]

　　　　　÷ {(ポンプまたは, 送風機効率) × (モータ効率) × (インバータ効率)}

　インバータがない場合はインバータ効率を除いて算出する.

### ② ポンプ，送風機の比例則

　ポンプと送風機の比例則は同じ式で表すことができる. $Q$ は流量, $H$ は

圧力，$P$ は理論動力を表す．添え字 1，2 は回転数変更前後に対応する．

$$\frac{Q_1}{Q_2} = \frac{N_1}{N_2}$$

$$\frac{H_1}{H_2} = \left(\frac{N_1}{N_2}\right)^2$$

$$\frac{P_1}{P_2} = \left(\frac{N_1}{N_2}\right)^3$$

流量は回転数比 $(N_1/N_2)$ に比例し，圧力は回転数比の 2 乗に比例する．動力は流量と圧力の積に比例するので，動力は回転数比の 3 乗に比例する．比例則はポンプ，送風機の性能に関する法則である．

回転数を変更すれば動力は 3 乗で低減すると理解されている方が多いが，3 乗低減が適応できるのは管路抵抗曲線が原点を通り（流量がゼロのとき，抵抗もゼロ）抵抗が流量の 2 乗に比例するという条件がつく．

### ③ 図による運転ポイントの予測

図 2-10-1 に送風機の性能曲線の例を示す．横軸は風量，縦軸は圧力，動力，効率を示す．工場出荷時の性能試験結果を結んだ曲線がこの送風機の性能となる．同図では静圧以外に全圧も表記されている．全圧は静圧に動圧（流体のもつ運動のエネルギー）を加えたものであるが，ここでは静圧を送風機の圧力としてよい．

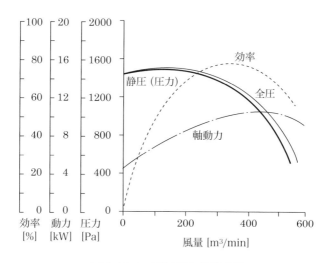

図 2-10-1 　送風機の性能曲線

　送風機の運転ポイントは平面上の任意の位置で運転できるわけではなく，必ずこの性能曲線上を移動する．風量が決まれば横軸に位置をとる．そして，この図を縦にたどることによりそのときの圧力，動力，効率を求めることができる．

　この性能曲線という拘束をインバータにより開放できる．図 2-10-2 はインバータを用いて送風機の回転数を変化させた場合の性能曲線を示す．同図は回転数を定格の回転数（100 ％）から 80 ％，60 ％に落とした場合の性能曲線である．定格回転数における運転ポイント $H_1$ は二次曲線に沿って，$H_2$，$H_3$ へ移動する．動力は $P_1$ から $P_2$，$P_3$ へと移動する．この運転ポイントは先の比例則に則り移動する．

　同図は送風機の場合であるが，ポンプについても同様となる．

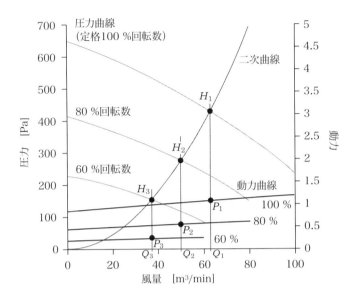

図 2-10-2　回転数変更による性能曲線の変化

　管路抵抗曲線が原点を通る二次曲線ならば，運転点は図の $H_1$, $H_2$, $H_3$ を移動する．その結果，風量（水量）は回転数に比例し，圧力は回転数の 2 乗に比例，動力は回転数の 3 乗に比例することになる．

**例　定格の回転数（100 %）**

　　　風量　62 m³/min，圧力　440 Pa，動力　1.1 kW

　　定格の 80 %まで回転数を低下させた場合

　　　風量　62 m³/min × 0.8 ＝ 49.6 m³/min

　　　圧力　440 Pa × 0.8² ＝ 282 Pa

　　　動力　1.1 kW × 0.8³ ＝ 0.56 kW にとなる．

　設備を運用していると管路抵抗が小さくなる場合がある．送風機において管路抵抗が小さくなる事例を挙げる．（　）内はポンプの場合を示す．

- 省エネのためにダンパ（弁）を全開にし，インバータにて風量（水量）を調整したい．
- 熱源や空調機などの更新により，機器の抵抗が小さくなった．
- ダクト（配管）の更新，改造により，ダクト（配管）の抵抗が小さくなった．
- フィルタ（ストレーナ）の取り替え，洗浄により抵抗が小さくなった．

いずれの場合も，ダンパ（弁）の開度調整により，目的とする風量（水量）に調整できる．インバータにて送風機（ポンプ）の回転数を変更すれば，風量（水量）調整と同時に動力を低減できる．送風機を例に，風量調整後の送風機の回転数を求める手順を解説する．

- 回転数変更後の送風機性能曲線を比例則にて描き入れる．このとき，最適回転数はわからないので，10％程度の間隔で作成する．
- 新旧の管路抵抗曲線を図に描き入れる．
- 新の管路抵抗曲線と回転数変更後の送風機性能曲線との交点が，変更後の運転点となる．
- 変更後の運転点が目的とする風量にならない場合，回転数を変更し同じ作業を繰り返す．

このようにして得られた交点が求める送風機の回転数であり，その回転数における理論動力が変更後の理論ファン動力となる．

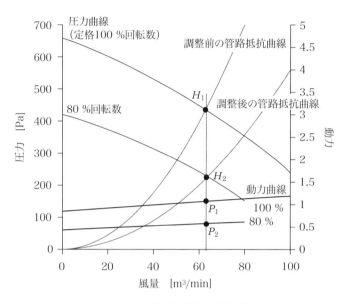

図2-10-3　回転数変更後の運転ポイント

　次に，管路抵抗曲線が原点を通らない場合の回転数をポンプの性能曲線を用いて求める．高架水槽に水を揚水するポンプのように実揚程がある場合，管路抵抗曲線は原点を通らない．

　図2-10-4は実揚程のあるポンプにインバータを取り付けた例である．流量と圧力は比率で示している．手順は送風機の場合と同じ，管路抵抗曲線は原点を通らないので，実揚程を見込んで描き入れる．実揚程が大きいほど，流量変化による抵抗変化が小さいので，回転数の調整範囲が狭くなり省エネ効果も小さくなる．このように実揚程がある場合には比例則による動力の3乗削減効果は得られない．

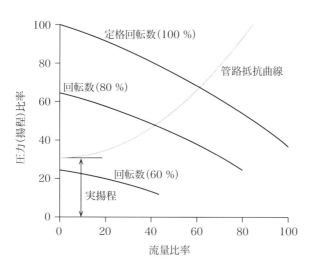

図 2-10-4　実揚程がある場合の回転数変更後の運転ポイント

#### ④　数値解析による運転ポイントの予測

　図による運転ポイントの予測は煩わしく，予測精度が劣る．数値解析を用いれば，スマートに運転ポイントや変更後の回転数を求めることができる．ここで紹介する手法は「図による運転ポイントの予測」を数式に置き換えたものであり，手法そのものに疑問を抱くものではない．

(a)　性能曲線を数式化する

　送風機の性能曲線を用いて説明するが，ポンプでも同じ手順で求めることができる．

- ■　性能曲線（ポンプや送風機の性能をグラフにて表したもの．通常は，横軸に流量や風量，縦軸に圧力，動力，効率を示す）より代表点の風量，圧力，動力を求める．代表点の数は 3 〜 5 が好ましい．表 2-10-1 では代表点を 4 としている．
  - ・　できるだけ代表点を等間隔で広くとる
  - ・　送風機では，サージング領域は外す

・ 風量の単位は [m³/h] よりも [m³/min]，[m³/s] の方が有効桁数の関係で後の作業が容易となる.

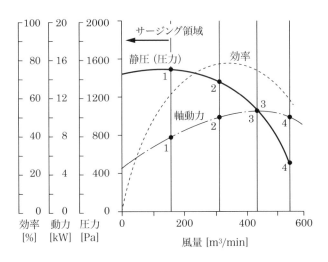

図 2-10-5　送風機の性能曲線と代表点

表 2-10-1　代表点における風量，圧力，動力

| 運転ポイント | | 1 | 2 | 3 | 4 |
|---|---|---|---|---|---|
| 風　量 | m³/min | 170 | 305 | 440 | 550 |
| 圧　力 | Pa | 1500 | 1360 | 1020 | 540 |
| 動　力 | kW | 7.4 | 9.4 | 10.4 | 9.8 |

■ Excel の散布図を用いて性能曲線を二次式にて近似する.

表 2-10-1 より求まる近似式

圧力　$H = -0.0064 \times Q^2 + 2.0865 \times Q + 1326.6$

動力　$P = -3.84 \times 10^{-5} \times Q^2 + 0.0342 \times Q + 2.66$

$Q$：風量 [m³/min]

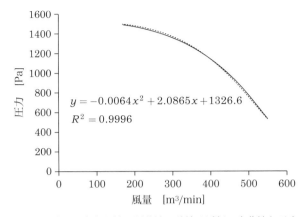

図中の実線は代表点を結んだ曲線，破線は近似二次曲線を示す．

図2-10-6　風量と圧力の散布図

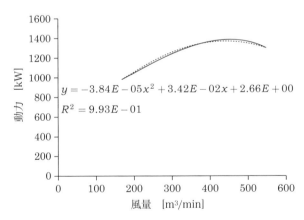

図中の実線は代表点を結んだ曲線，破線は近似二次曲線を示す．

図2-10-7　風量と動力の散布図

(b)　管路抵抗曲線の近似式

管路抵抗曲線（流量や風量に対する配管やダクト系の抵抗（ここでは圧力）を示す曲線）は，次式にて近似できる．

圧力　$H = g \times Q^2 + C$　　　　　　　　　　　　　　(1)

g：抵抗係数

C：定数（実揚程など流量の影響を受けない圧力）

- 　抵抗係数 g は VAV を含むダンパの開度やフィルタ，コイル等の抵抗変化の影響を受ける．

- 　VAV システムでは全開・半開状態など条件を設定する必要がある．

- 　フィルタは目詰まりにより抵抗が変化するので，フィルタの取り替え後，もしくは最終圧損，その平均値など条件を目的に合わせて設定する．

- 　フィルタの抵抗は風量（風速）の 2 乗に比例しない．厳密には，ろ材が細かく空気の流れが層流に近いので，風量の 1.2 ～ 1.5 乗に比例する．

- 　フィルタの抵抗は一般的にファン圧力の 10 ～ 20 ％程度のため管路抵抗は風量の 2 乗に比例するものとして計算しても誤差は小さい．

抵抗係数は設計値や現状の運転ポイントから求める．ダンパ全開による抵抗の変化は局部抵抗係数などより算出する必要がある．ここでは局部抵抗を求めるのが目的ではないので省略する．

(c)　風量の設定

　風量は設計風量，必要風量，現状の風量（現状の風量測定については 2.9 参照）などにより決定することになる．

(d)　近似式から求まる回転数と理論動力

　散布図より求まる流量を変数とした圧力と動力の近似式は，前述の二次式にて表せる．

圧力　$H = a \times Q^2 + b \times Q + c$　　　　　　　　　(2)

動力　$P = d \times Q^2 + c \times Q + f$　　　　　　　　　(3)

　a，b，c，d，e，f は散布図にて求まる係数

このポンプもしくは送風機の回転数を変更すれば比例則より

$$Q' = Q \times n \tag{4}$$

$$H' = H \times n^2 \tag{5}$$

$$P' = P \times n^3 \tag{6}$$

「′」は回転数変更後の，流量，圧力，動力を示す

$n$ は回転数比，$N_2 \div N_1$（回転数変更前後の比率）

式(5)，(6)に式(2)～(4)を代入すると

圧力 $\quad H' = a \times Q'^2 + b \times Q' \times n + c \times n^2 \tag{7}$

動力 $\quad P = d \times Q'^2 \times n + e \times Q' \times n^2 + f \times n^3 \tag{8}$

一方，管路抵抗曲線は

$$H' = g \times Q'^2 + h \tag{9}$$

式(7)，(9)より

$$g \times Q'^2 + h = a \times Q'^2 + b \times Q' \times n + c \times n^2 \tag{10}$$

となり，定数 $a$，$b$，$c$，$g$，$h$ と流量 $Q'$ は既知であるので式(10)の二次方程式を解くことにより目標とする回転数比が求まる．

理論動力は定数 $d$，$e$，$f$ と流量 $Q'$，求めた回転数比 $n$ を式(8)に代入することにより求まる．

「近似式から求まる回転数と理論動力」を用いて回転数と理論動力を求めた事例を紹介する．

・前提条件

回転数変更前の空調機

圧力 $\quad H = -22.909 \times Q^2 + 99.677 \times Q + 849.76$

動力 $\quad P = -0.1096 \times Q^2 + 1.3035 \times Q + 1.3797$

管路抵抗曲線（管路抵抗曲線が原点を通る場合）

改善前 $\quad H = 34.8 \times Q^2$

改善後 $\quad H' = 28.1 \times Q^2 \quad$ 空調機の吐出ダンパ全開により低下

設計風量 $\quad Q = 4.8 \text{ m}^3/\text{s}$

・計算結果

現状の圧力　$H = 34.8 \times 4.8^2 = 800 \ \mathrm{Pa}$

$\qquad H = -22.909 \times 4.8^2 + 99.677 \times 4.8 + 849.76 = 800 \ \mathrm{Pa}$

現状の理論動力

$\qquad P = -0.1096 \times 4.8^2 + 1.3035 \times 4.8 + 1.3797 = 5.11 \ \mathrm{kW}$

吐出ダンパ全開後，現状と同じ風量（$4.8 \ \mathrm{m^3/h}$）となる回転数比

$\qquad H' = 28.1 \times 4.8^2 = -22.909 \times 4.8^2 + 99.677 \times 4.8 \times n + 849.76 \times n^2$

より，

$\qquad n = 0.93$

改善後の理論動力

$\qquad P' = -0.1096 \times 4.8^2 \times n + 1.3035 \times 4.8 \times n^2 + 1.3797 \times n^3$

$\qquad n = 0.93$ を代入すると

$\quad P' = -0.1096 \times 4.8^2 \times 0.93 + 1.3035 \times 4.8 \times 0.93^2 + 1.3797 \times 0.93^3$

$\qquad = 4.17 \ \mathrm{kW}$

省エネ率　$1 - 4.17 \div 5.11 = 0.184$　　$18.4 \ \%$

## ■ 理論動力と消費電力 ●●●●●●●●●●●●●●●●●●●●●●●●●●●●●●●●●●●●●●●●●●

　以上の手順により変更後の回転数比と理論動力，省エネ率が求まる．改善後の理論動力は改善前よりも小さくなる．動力が小さくなると，ポンプ，送風機の効率，モータ効率，インバータ効率のすべてが低下する．

　ポンプや送風機は最高効率点近くで選定されるので，設計ポイントよりずれると効率は低下する．図2-10-8は性能曲線上の効率変化を示す．ポンプや送風機は流量，圧力ともに最高効率点からずれることにより効率は低下する．図2-10-9も流量変化に対する効率変化を示す．流量比100 %が設計流量で設計値よりも流量が増える．もしくは減ると効率は低下する．

　モータとインバータの負荷に対する効率変化を図2-10-10に示す．低負

荷に伴い効率が低下する．この低下率は小容量機器ほど大きくなる．これらはすべて概念図であるので，実際の試算には該当機器の性能曲線を用いると試算精度が高くなる．

試算例のように省エネ率が18 %程度の場合は，モータ，送風機等の低負荷による効率の影響は小さいので，インバータを含めた効率低下を90 %程度と仮定し計算しても大きな誤差はない．

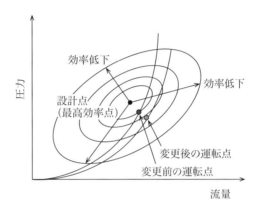

図2-10-8　性能曲線上の効率変化

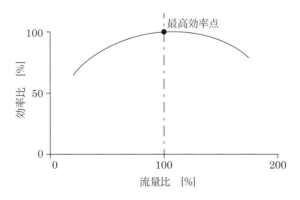

図2-10-9　流量に対する効率変化

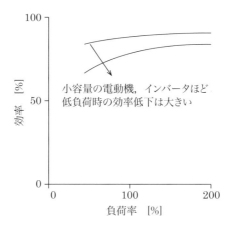

図 2-10-10　モータ，インバータの低負荷効率

 ［コーヒーブレイク］

　インバータが普及する前までは，ファンやポンプの流量は弁やダンパにて調整した．省エネのために，ファン・ポンプの回転数を変更する手段はあったが，費用や調整範囲が狭い等の問題により採用されるケースは少なかった．

① **プーリー交換**

　ファンに限定されるが直径の異なるプーリーに交換してファンの回転数を変更する．

② **ポールチェンジモータ**

　複数の固定子コイル（4極，6極など）の接続を切り替えてモータの回転数を変える．

　多用される誘導モータの回転数は極数に反比例することを利用した方式

　誘導モータの回転数　$N = 120 \times f \div P \times (1 - s)$ ［rpm］

$f$：電源の周波数 [Hz]　　$P$：極数　　$s$：すべり

**③　無段変速機**

　歯車以外の機構を用いて変速比を連続的に変化させる動力伝達機構．歯車を用いる場合は段階的な回転数制御となる．

**④　渦電流継手**

　渦電流を用いたトルク伝達機構で励磁電流を調整することにより負荷側（ファンやポンプ）の回転数を調整できる．

**⑤　インペラーカット**

　ポンプのインペラー（羽根車）の外径を小さくして能力を小さくする．

　上記の③，④以外は無段階で回転数（もしくは能力）を調整できない．

　無段階で回転数を調整できるインバータが安価で手に入るようになった．さらに，取り付けと調整が容易で，ファン・ポンプ等の流体機器の省エネにインバータが多用されるようになった．

　しかし，インバータの取り付けが最善策なのか？　インバータの取り付けにより増エネとなるケース（インバータを定格周波数で運転するとインバータ損失のみが発生する）や，他のやり方が合理的かつ高い省エネ効果が得られる場合がある．

・　ダウンサイジングなど流体機器の取り替え（能力の最適化）
・　台数制御
・　チューニング
・　システムの見直し

　ファンで頻繁に風量を調整する必要がないなら，プーリー交換の方が安価でインバータ損失がない分，省エネ効果も高くなる．インバータの取り付けは，他の方法との比較とともに，その効果とデメリットを十分に検討した上で実施したい．

　設備管理者にはビルを安全で衛生的に保つ役割が課せられている．したがって，建築設備の管理と保全が主たる業務となる．設備管理には，室内を健康で快適な状態に維持するとともに，快適環境をより少ないエネルギー，温室効果ガス排出量で実現することも含まれる．エネルギー使用量と温室効果ガスの排出量については現状把握にとどまらず，運用改善の実施，さらには設備の改造，更新など省エネ・省 $CO_2$ につながる改善提案も期待される．

　ここでは，BEMS（ビルエネルギー管理システム）等から得られる多量のデータがなくても，毎月の請求書レベルのデータから改善案抽出につながるデータの分析方法について事例に基づき解説する．

## ■ 設備管理者の役割

　設備更新や高効率機器の導入は経営判断にて決定されるケースが多い．一方，運用改善や設備改造・付加などは，現場の状況を熟知している設備管理者でないと効果的で実効性のある計画は難しい．

　図 2-11-1 に建物におけるエネルギー使用構造を示す．図は業務用建物をイメージしたもので生産設備は含まない．建物では，電気や都市ガスなどのエネルギーを使用することにより快適な環境を得ることができる．ここで使用されるエネルギーの量は，建物の規模や設置されている設備だけではなく，運転条件や設備の管理状況により変動する．

　エネルギー使用量に影響を与える要因を外乱とするならば，外乱は外的要因と内的要因に分けることができる．外的要因には気象条件や建物の使用条件（使用率・時間，使用人数）などがあり設備管理者は直接的にコント

ロールできない．一方，内的要因は設備の管理や保守・点検に関わる事項で設備管理者の重要な管理すべき項目となる．

このように，建物で使用されるエネルギー量は設備管理の状況（良し・悪し）により増減する．また，変動要因とエネルギー量との関係を把握できる設備管理者は，設備の改造・更新に関して最も合理的な計画を立案できるポジションにあるといえる．

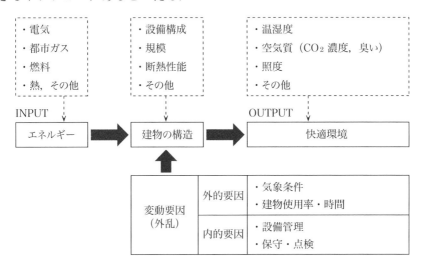

図 2-11-1　建物におけるエネルギー使用構造（生産設備を除く）

## ■ エネルギー使用実態 ·········································· •

用途別のエネルギー使用量がわかれば，省エネ対策として重点的に取り組むべき設備が定まる．

図 2-11-2 に業務部門の用途別エネルギー使用量を示す．空調用のポンプ，送風機などの動力は「動力・照明他」に含まれる．冷房用と暖房用のエネルギーに空調用動力を加えると建物全体の40〜50 ％が空調設備で使用されていることになる．図は 2014 年度のデータであり，その後の照明器具の LED 灯化や OA 機器の高効率化によりそれらのエネルギー使用量

が減少したため，相対的に空調設備のエネルギー使用比率は増大している．

　照明器具やOA機器は高効率設備への更新により，エネルギー使用量を確実に削減できる．しかし，これらの運用改善による省エネ対策は無駄運転の防止など利用者の意識の問題となり，設備管理者の力の及ばない領域となる．よって，設備管理者の省エネ推進の最大のターゲットは空調設備となる．

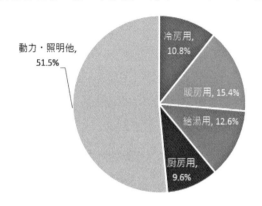

図2-11-2　業務部門の用途別エネルギー使用量

［出典］資源エネルギー庁「2014年度　総合エネルギー統計」より

## ■ 改善案の抽出

　チェックリストや改善事例がインターネットや参考書にて紹介されている．その中には，空調の室内温度や冷凍機の冷水，冷却水温度の設定変更など容易に実施できるものも多くある．しかし，現状のエネルギー使用量や問題点などの現状把握がなければ，中途半端な対策となり，改善策の実施結果の評価も難しくなる．また，事例の消去法で改善案を選択する方法はネタ切れとなりやすい．ネタ切れで行き詰ったときには，データに基づく現状把握より問題点を見つけ，その問題の解決策を検討するのが正道となる．

　現状把握には，エネルギーの使用量だけではなく，運転条件や室内の環境値も有効なデータとなる．運転条件や室内の環境はエネルギー使用量の

変動要因として，エネルギー使用量の要因分析に活用できる．運転条件は気象や設定，運転時間など，室内環境は温湿度や二酸化炭素濃度の測定データなどが対象となる．

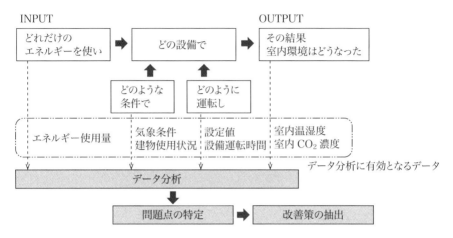

図 2-11-3　データ分析による改善策の抽出（主に空調設備に関する改善）

## ■ データ分析例 ……………………………………●

データをグラフ化（ビジュアル化）することにより，今まで見えなかった特徴に気づくことができる．グラフを使い分けることにより，現状把握が可能となり，問題点や改善策が抽出できる．散布図を用いれば，相関分析によりデータ間に潜む相関関係を知ることができる．

① **棒グラフによる見える化**

棒グラフにより大きさの比較ができる．図 2-11-4，図 2-11-5 は各月のエネルギー使用量を棒グラフにて「見える化」したものである．図 2-11-4 は空調にエアコンを使った事務所ビル，図 2-11-5 はガス冷温水機を使った大型店舗の事例である．それぞれの棒グラフから読み取れる事項を下記に示す．

ⓐ　事務所ビルの電力使用事例（図 2-11-4）

・　4 月と 11 月は中間期（冷暖房の不要期間）で電力使用量（電力量）が最小となっている.

・　中間期を挟んで，5 〜 10 月は冷房，12 〜 3 月は暖房主体で運転されている.

・　中間期はエアコンの電力使用量は「ゼロ」に近づくので，電力の多くは照明設備や動力などで使用されると考えてよい．この照明設備や動力などの電力使用量は季節変動少ないので，固定電力量といえる.

・　各月の電力使用量から固定電力量を除いた電力量はエアコンで使用された概略の電力量となる.

・　各月のエアコンで使用される電力を合計することにより，1 年間に使用された冷房と暖房用の電力量を求めることができる.

・　一般的に，暖房で使用される電力量は冷房に比べて小さい．建物規模が大きく，OA 機器などの内部発熱の大きな建物ほど，暖房よりも冷房で使用される電力（エネルギー）使用量は大きくなる.

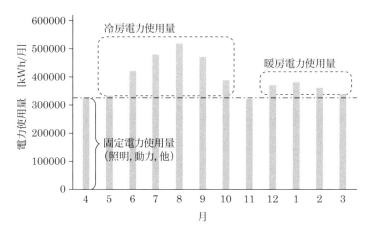

図 2-11-4　事務所ビルにおける電力使用量（事例）

ⓑ 大型店舗のエネルギー使用事例 (図2-11-5)

・ この大型店舗ではガス冷温水機を使っているので，空調用熱源で
使用されるエネルギー (都市ガスの使用量) は容易に把握できる.

・ 都市ガスの計量器は供給圧力 (中圧，低圧) により分けられる．一
般的に厨房用ガスは低圧で空調用は中圧となる．中圧にボイラなど
が含まれる場合は按分などにより，ガス冷温水機の使用量を推計す
る必要がある.

・ 大型店舗では冷房に比べ，暖房負荷は著しく小さい.

・ 冷温水ポンプや冷却水ポンプなどの熱源補機や空調機で使用され
る電力量は，それぞれの運転動力に運転時間を乗じることにより，
推計できる.

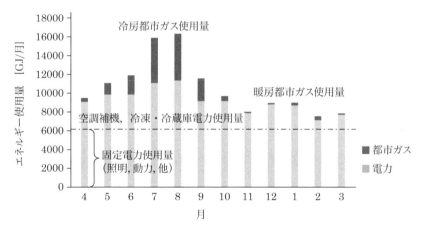

図2-11-5　大型店舗におけるエネルギー使用量 (事例)

## ② 折れ線グラフによる見える化

折れ線グラフを使えば，変化の傾向を知ることができる．また，季節
や年度別のデータを重ね合わせることにより，事象による影響を定量的
に把握できる.

ⓐ 時刻別電力

エアコンを使用する事務所ビルの事例（図 2-11-6）

・ 冷房と暖房に使用される電力を把握することができる.

・ 冷房用電力の最大値は外気温度が高くなる午後の時間帯に発生しやすい.

・ 暖房用電力の最大値は朝の立ち上がり時に発生しやすい.

厳冬期の週明けのエアコンは間隔をあけて起動することにより，最大電力を低減できる可能性がある.

・ 昼休みの時間帯の節電状況を評価できる.

・ 夜間の待機電力を把握することができる.

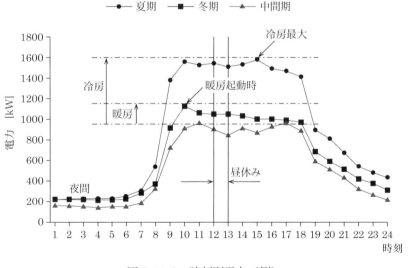

図 2 11 6　時刻別電力（例）

ⓑ 年度別エネルギー消費原単位（図 2-11-7）

各月の営業日数を加味した大型店舗のエネルギー消費原単位の推移を示す.

- 空調負荷の影響により夏期と冬期に原単位は増大している.
- 原単位の変化より,中間期(冷暖房の不要期間)は4月と11月と思われる.
- 同じ月でも年度によりエネルギー消費原単位に差が見られる.後述の「③散布図による要因分析」にて要因が明らかとなる場合がある.
- 新型コロナウイルスの影響により,2020年3月からエネルギー使用量は減少し5月を底に回復した.
- 新型コロナウイルスによる影響は,全国の送電端電力量に似ている(図2-11-8 参照).

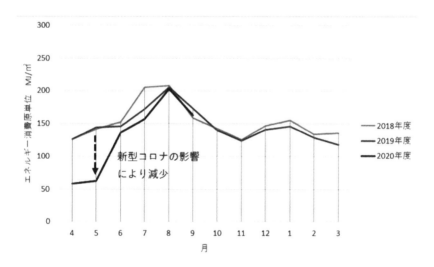

図 2-11-7　年度別エネルギー消費原単位(例)

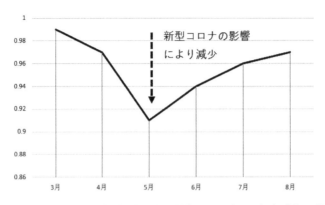

図 2-11-8　送電端電力量（気象補正後，前年同月比）電力広域的運営推進機関
新型コロナウイルスによる電力需要への影響評価　2020 年 4 〜 8 月

### ③　散布図による要因分析

　散布図を使えば 2 組のデータの関係を知ることができる．外気温度や
室内の設定温度が 1 ℃変化した場合のエネルギー使用量を想定できる
など，変動要因の影響度を定量的に把握できる．

ⓐ　データのサンプリング周期

　散布図を作成する場合，データに応じて適正なサンプリング周期が
ある．建物のエネルギー使用量に影響を与える変動要因はたくさんあ
る．外気温度，建物の使用時間，在室人員などが変動要因となるが，散
布図で扱える変数は一つに限られる（後述する多変量解析は除く）．建
物のエネルギー使用量と最も影響を与える外気温度との散布図を作成
する場合にサンプリング周期を 1 日とすると，曜日による使用時間や
在室人員などの影響が雑音となり特徴が見えにくくなる．

　図 2-11-9(a)は冷蔵倉庫の事例であるが，サンプリング周期を 1 日
とすると曜日による入庫量の影響が雑音となり特徴が見えにくくなっ
ている．図 2-11-9(b)は同じデータでサンプリング周期を 1 か月とし
たものであるが，電力使用量と外気温度との相関を端的に捉えている．

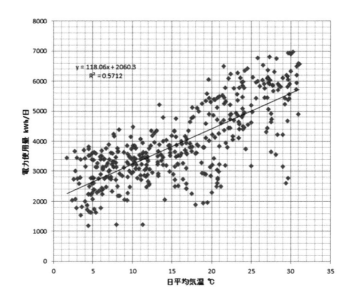

(a) サンプリング周期1日

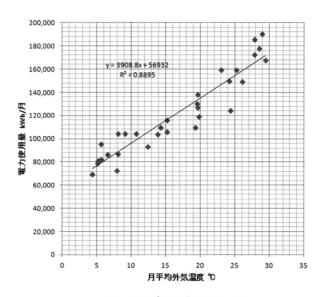

(b) サンプリング周期1か月

図 2-11-9 散布図におけるサンプリング周期の違い

ⓑ　気象データの扱い

　建物エネルギー使用量に最も影響を与える気象データの実測値が
なければ，気象庁のデータを活用できる．温湿度など全国で 90 地点
のデータを過去に遡って，場所によっては時間単位でダウンロードで
きる．

　データとして温湿度以外に天候，日照時間や風向，風速などのデー
タが入手できるが，建物のエネルギー使用の分析に活用できるデータ
は主に温度と湿度である．外気負荷の影響を分析する必要があるなら
外気の比エンタルピーのデータが欲しくなる．外気の比エンタルピー
は温湿度より近似計算できる．しかし，建物のエネルギー使用の分析
は外気温度で十分である．

　理由は，「ⓐデータのサンプリング周期」で記述したようにサンプリ
ング周期は 1 か月，短くても 1 週間，この周期の湿度を平均値で考え
ると変動幅は小さい．湿度の変動幅が小さいことは比エンタルピーの
バラツキも小さいことを意味する．よって，気象条件の代表値として
外気温度を採用しても大きな誤差は生じない．

　気象庁の日平均値や月平均値は夜間の気温も含んでいる．一般的な
建物の空調は夜間停止するので，昼間の外気温度の平均値が欲しいと
ころである．もちろん，時間値が得られる地点についてはデータ処理
にて昼間の平均値を求めることはできるが，データが年間で 8760 あ
り，作業の目的と作業時間を天秤にかけると躊躇してしまう．

　24 時間と昼間の平均気温に 3 ～ 5 ℃の差があることを頭において
検討するのが実践的手法であるといえる．


ⓒ　散布図の見方

　散布図をうまく使えば，多くの問題点や改善策が見えてくる．

・　変動要因の影響度が把握できる．

- 建物のエネルギー使用特性を定量化できる.
  建物の断熱特性, 外気導入量, 内部負荷等の違いによる空調負荷への影響.
- 実施した省エネ対策を外気温度の影響を除いて評価できる.
  運用改善, 高効率機器への更新など.


　空調設備のエネルギー使用量の散布図（図2-11-10）にて, その着眼点を解説する.

- 横軸に月平均気温, 縦軸にエネルギー使用量をとった散布図を作成すると図2-11-10のような分布となる.
- 冷房負荷は外気温度の上昇に伴い増大し, 暖房負荷は外気温度の上昇に伴い減少するので散布図はV字（図2-11-10(a)）もしくはU字（図2-11-10(b)）を描く.
- V字もしくはU字の底, エネルギー使用量が最小となる外気温度を平衡温度と名づける.
- 平衡温度は通常15〜20 ℃となる. 室内の設定温度20〜26 ℃よりも低い.
- 室内温度よりも平衡温度が低くなる理由として, 日射や内部発熱の影響とともに, 先に説明した24時間と昼間の平均気温差（3〜5 ℃）の影響もある.
- 散布図にプロットされた点群の回帰直線（点群を代表する直線）の傾きは外気温度が1 ℃変化したときのエネルギー使用量の変化を示す.
- 空調負荷は外気温度と室内温度との差に比例するので, 回帰直線の傾きは室内温度を1 ℃緩和した場合の省エネ効果にも適応できる.
- 相関係数（エネルギー使用量に対する外気温度の強さ）はバラツキを表す. ルール通りに空調設備が運転されるほど相関係数（絶対

値) は大きくなる.

- ・ セントラル空調に比べエアコンなどによる個別空調は, 運転を室
  内の利用者に委ねられている関係で相関係数が小さくなりやすい
  (バラツキは大きくなる).
- ・ エアコン方式でも, 集中コントローラで設定温度や運転時間に制
  限をかければ相関係数は大きくなる.
- ・ 中間期に冷暖同時運転による混合損失が生じる場合には, 図2-11-10
  (b)のように, 平衡温度近辺におけるエネルギー使用量が増大する.

---

## ～メモ～

　Excel で散布図を作成すると近似曲線を図に描き入れるとともに,
近似曲線の数式や相関係数などを求めることができる. 近似曲線は直
線近似だけではなく, 高次(二次, 三次など)や対数近似なども求める
ことができる.

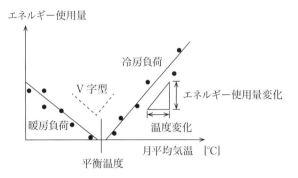

(a)　V字型散布

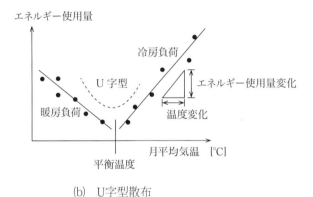

(b)　U字型散布

図 2-11-10　空調設備のエネルギー使用量の散布図

ⓓ　外気温度とエネルギー使用量散布図（事務所ビルの例）

　　図 2-11-11 は事務所ビルで，4 年度間の外気温度に対するエネルギー消費原単位（原油換算値）を散布図にて表したもの．

・　空調以外の照明，一般動力などのエネルギー使用量は固定エネルギーとして表記されている．

・　平衡温度は 13 ℃程度，標準値より低い．OA 機器などによる内部発熱の大きな建物と想定される．

- ・　暖房期間 4 か月に対して冷房期間 8 か月からも冷房主体の建物であることがわかる.
- ・　毎年,原単位は低下している.運用改善,照明器具の LED 灯化などの改善効果による.
- ・　回帰線(エネルギー使用量 = $a$ × 月平均気温 + $b$)の係数 $b$ の値が改善効果を示す.

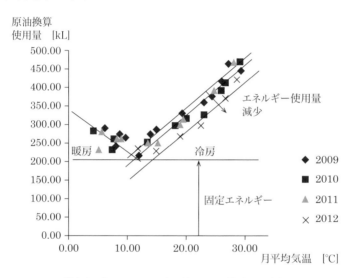

図 2-11-11　外気温度とエネルギー使用量の散布図(事務所ビルの例)

ⓔ　吸収式冷温水機の都市ガス使用量と補給水の関係

図 2-11-12 は大型店舗におけるガス吸収式冷温水機の都市ガス使用量と冷却塔の補給水量の関係を散布図にて表したものである.

- ・　冷却塔の補給水量が限界に近く,ブロー調整や水質分析の必要性を示唆している.

散布図から読み取れる都市ガス量に対する補給水量は 35.1 L/m³

理論値から求まる冷却塔の補給水率 40.6 L/m³ に比べて少ない.

条件　ガス冷温水機の COP：1.2, 都市ガス発熱量：40.5 MJ/m³

　　　基準

　水の蒸発潜熱：2.442 MJ/kg, 25 ℃の飽和水

　排ガス損失率：10 %

都市ガス 1 m³ あたりの冷却塔放熱量

　冷却塔放熱量 = $\{40.5 \times (1 - 0.1 + 1.2)\}$ = 85.1 MJ/m³

　補給水率 = 85.1 MJ/m³ ÷ 2.442 MJ/kg

　　　　　 = 34.8 kg/m³ (34.8 L/m³)

濃縮倍率を 7 とした場合の必要補給水率

34.8 L/m³ × 7 ÷ $(7 - 1)$ = 40.6 L/m³

補給率　40.6 L/m³ ÷ 35.1 L/m³ = 1.16

補給水量を 16 %以上増やした方が良いことがわかる.

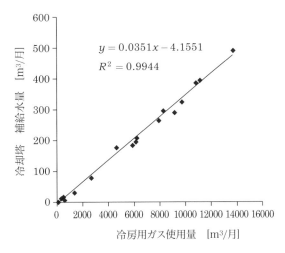

$$y = 0.0351x - 4.1551$$
$$R^2 = 0.9944$$

図 2-11-12　都市ガス使用量と補給水量の散布図

### ④ その他の分析方法

#### ⓐ 多変量解析

　建物のエネルギー使用量に影響を与える最大の要因は外気温度である．運転条件や設定条件なども変動要因となるが，散布図でグループ分けすることによりその影響度を把握することができる．散布図の変数として建物の使用人数や，運転時間などが考えられるが，定量データとして入手できるとともに，変動幅が大きくエネルギー使用量に影響を与えるものでないと解析の意味がない．このことから，ビルにおいて多変量解析が有効となるケースは少ない．

　ここでは，冷蔵倉庫において多変量解析を用いた例を紹介する．冷蔵倉庫では外気温度とともに入庫量もエネルギー使用量の変動要因となる．図 2-11-13 は月平均気温と電力使用量の散布図，図 2-11-14 は入庫量と電気使用量の関係を散布図で表したものである．

・　それぞれ，正の相関をもっている．（回帰線が右上がり）

・　決定係数は図 2-11-14 に比べ，図 2-11-13 の方がけた違いに大きい．

　決定係数＝相関係数の 2 乗

　月平均気温と電力使用量

　　決定係数：0.8895，相関係数：0.943

　入庫量と電気使用量

　　決定係数：0.0779，相関係数：0.279

　これは，エネルギー使用量に対して，入庫量よりも外気温度の影響が大きいことを意味する．

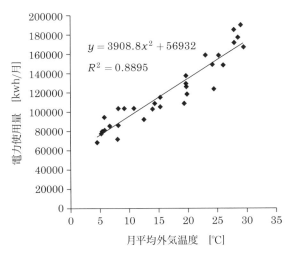

図 2-11-13　月平均気温と電力使用

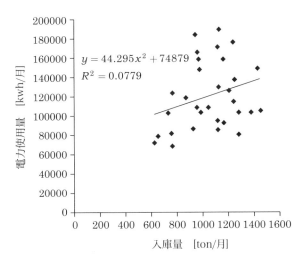

図 2-11-14　入庫量と電気使用量

　エネルギー使用量に対する変数（変動要因）を月平均気温と入庫量として，多変量解析した予測式を式（1）に，予測値と実績値の比較を

図 2-11-15 に示す．予測式は実績値を比較的高い精度で予測している
ことがわかる．

予測式：電力使用量 [kWh/月] = 46075 + 3842

×月平均気温 [℃] + 11.42 ×入庫量 [ton/月]　　　(1)

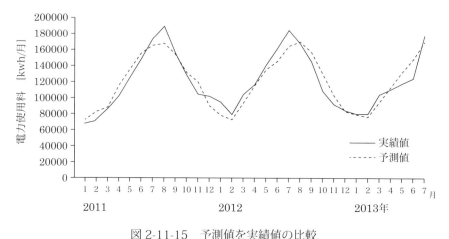

図 2-11-15　予測値を実績値の比較

ⓑ　バブルチャート

　散布図は月平均気温とエネルギー使用量のように，変数（変動要因）
が１つの場合，わかりやすいグラフとなる．２変数では３次元グラフ
で表現することになるが，奥行き方向が読み取りにくい．解決策とし
てバブルチャートがある．図 2-11-16 は冷蔵庫の例で，横軸に月平均
気温，縦軸に入庫量，エネルギー使用量をバブル（球）の大きさで表
したものである．月平均気温が高いほど，かつ入庫量が多いほどエネ
ルギー使用量が大きくなることがわかる．また，横方向と縦方向のバ
ブルの大きさ変化の違いより，入庫量よりも月平均気温の方がエネル
ギー使用量に対する影響度が大きいこともわかる．

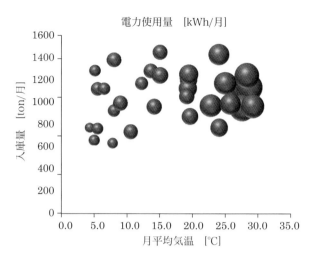

図 2-11-16　月平均気温と入庫量に対する電力使用

ⓒ　ポートフォリオ評価

　状況を二つの変数で評価したい場合がある.

　図 2-11-17 はエネルギー消費原単位と各月の原単位のバラツキ(標準偏差)の二つを指標基準とし, 複数の建物を評価したものである. バラツキが大きいことは必ずしも悪いことではないが, ここではルールが徹底していないことに対する物差しとする.

　複数の建物のエネルギー消費原単位と各月の原単位の標準偏差の平均値を横軸と縦軸の中心にとり, 四つのエリアに分類する. エネルギー消費原単位が小さく, 原単位の標準偏差が小さいほど好ましいとするならば, 第一象限(右上の領域)にある建物は WEAK(劣る), 第三象限(左下の領域)にある建物は GOOD(好ましい)状況にあると建物を分類評価できる.

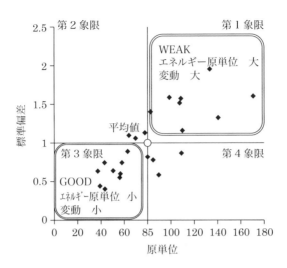

図 2-11-17　ポートフォリオ評価の例

［コーヒーブレイク］

　私は，省エネ診断のために多くの現場にお邪魔している．診断ではエネルギー使用量や運転データに関する資料を拝見し，現場をウオークスルーさせていただくが，何よりも現場の管理者の方からのヒアリングが重要と感じている．

　現場で管理されている方は，設備機器から発せられる情報を管理シートに記載し，五感で感じ取っておられる．おかしいと感じ，問題点と原因が明らかとなった場合は対策を講じられるが，おかしいと感じた状況から脱却できないケースも多い．

・　前任者より，「ガス冷温水機をベース運転し，能力が不足になった場合にチラーを運転する」と引き継いだが，本当にこれで良いのか？

・　営業の1時間前に熱源を運転しているが必要性があるのか？

・　VAV 空調機の出口圧力が一定状態に近い運転をしているが，正常なのか？

　など，報告書のネタにさせていただいた例は枚挙にいとまがない．

　頭の中の「もやもや」をすっきりさせる手段としてグラフ化は有効．問題解決にはここで取り上げたおおづかみな分析ではなく，新たにデータ取りが必要となるケースがある．データをグラフに整理することにより，有益な情報が得られ原因と対策が明確になり，実効性のある改善につながる．「見える化」の手段としてのグラフ活用を推奨する．

■ NOTE

# 3章 先輩ビル管理者の知識・経験に追いつく

　1980年代のインテリジェントビル登場をきっかけに，建物のあらゆる設備がコンピュータネットワークにつながるようになりました．それによってオーナーだけでなく，利用者にも管理者にも利便性や様々なサービスを享受できるようになっています．

　しかし，建設される建物に最新の技術が取り入れられる一方で，ビル管理業務は利用者との接点であるため，覚える知識，情報は日々蓄積しています．新人ビル管理者が先輩管理者の知識・経験に追いつけることを願って，著者が関わった記憶をたよりに事例を編集しました．また，近年のデジタル技術によるブラックボックス化は，不具合が起こったときにビル管理者泣かせと感じており，先輩と一緒に読んでほしい章です．

# 3.1 ワンポンプシステムの熱源機が断水リレー作動で停止

熱源機の一次ポンプで冷温水を循環するシステムをワンポンプシステムと呼んでいる．定流量型熱源機が複数台で構成されたワンポンプシステムにおいて，空調機器を 2 方弁によって温度調節しているシステムは変流量になるため，熱源機本体に定格流量を流す必要がある．そのため，ヘッダー差圧によるバイパス制御が組み込まれている．冷凍機が増段するときに還り流量に加わるバイパス流量が不十分なときは，一時的に熱源機本体の流量が不足して，断水リレーの作動によって警報停止する場合がある．

## ■ 現象

熱源機が複数台で構成されたワンポンプシステムで，台数制御機能が組み込まれている．定流量型熱源機にはヘッダー間のバイパス弁によって熱源機本体に流れる流量を確保できるようになっている．

空調負荷の増加によって熱源機を増段するため冷温水ポンプを起動し，ヘッダー差圧によってバイパス 2 方弁が開き始めたが，熱源機本体に流れる流量が追いつかず断水リレーによって停止した．

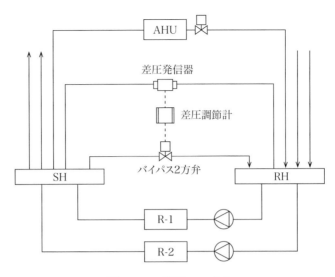

図 3-1-1　熱源システム

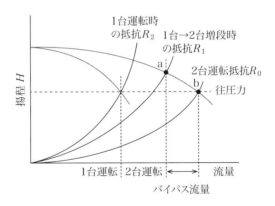

図 3-1-2　2 台システムのポンプ運転特性

## ■ 原因

図3-1-1において，熱源機が1台から2台に増段したときのバイパス2方弁は全量空調負荷に流れているので全閉状態である．増段指令によって2台運転になったときの流量は図3-1-2の1台→2台増段時の抵抗線 $R_1$ 上を移動し，交点aでバランスする．冷却水ポンプと冷温水ポンプは先に起動しているので熱源機本体を起動する条件は整っている．しかし，この時点で差圧調節計はバイパス2方弁を十分開くだけの信号を出力していないので，流量は点bに達せず，熱源機本体に定格流量が流れない．ポンプ2台運転によって差圧が増加したが，バイパス2方弁を開く動作が遅れて，断水リレーによる警報検出値を超えて熱源機が警報停止した．本事例ではバイパス2方弁のハンチングを防止するために，圧力変化に対する調節動作を緩慢にしていたので，熱源機本体を起動するまでに定格流量が流れていなかった．

## ■ 対策案

① 差圧調節計の制御パラメータ（比例動作（比例帯）と積分動作（積分時間））を再調整する．差圧調節の応答を速くするには比例帯を小さく，積分時間を短くすればよいが，バイパス弁がハンチングしやすくなるので，関連機器の状況変化を見ながら調整作業を行う．

② 熱源連動シーケンスでは一次ポンプ起動と同時にヘッダーバイパス弁を一定時間全開にすることと，熱源機本体起動信号の遅延タイマーを長めに設定する．

## ■ 教訓

・　近年の吸収式熱源では冷温水，冷却水共に変流量型が増加している．変流量型はメーカーによって運転条件が異なる場合があるので，調整時は最低流量と警報保留時間の確認が必要である．

・ ヒートポンプチラーではモジュールを複数台組み合わせる構成が普及しているが，能力確保と安全運転のために，循環水量についてメーカーから必要な条件を設定されているので確認する．

・ 圧力調節弁は計測値の応答が速いので，ハンチングを防止するために動作を緩慢にすると機器の起動に追随できないことがあるが，圧力検出器に機械的に絞りを設けることや，調節計に PV フィルタを設定するなどの対策も可能である．それから，電動調節弁の速度は全閉から全開まで約 1 分かかることを考慮して検討することが必要である．

・ 設計においては，対策案②の回路を組み込む．また，空調開始は熱源から立ち上げるので，朝の立ち上げ時に一定時間はバイパス 2 方弁を全開にして，熱源が立ち上がった後に空調機器を順次起動するプログラムにする．

## 3.2 複数台の二次ポンプが台数制御中に オーバーロードで停止した

時間帯によって流量変動が大きい建物では冷温水ポンプを複数台設置して高効率点で運転することを計画する．複数台のポンプを流量によって台数制御しながら，送水圧力を一定に保つようにポンプバイパス制御するシステムの事例である．空調負荷が減少してポンプがベース機の1台に切り替わると負荷流量が減少することによって，ポンプ差圧が小さくなるためポンプ流量が過大になり，オーバーロードで停止することがある．

### ■ 現象

事務所ビルの空調システムは図3-2-1に示す3台の二次ポンプシステムで，ポンプは定流量型である．終業間近になると空調機が順次停止するので冷温水流量が減少し，二次ポンプは最終段の1台運転になる．そのとき，流量が減少することよって配管抵抗が小さくなると，ポンプ吸込揚程が上昇するため，吐出揚程との差圧が小さくなり，流量が過大になってポンプがオーバーロードで停止した．

### ■ 原因

運転中の圧力状況を整理すると，

① 吐出圧力⑦が一定になるようにサプライヘッダーの圧力センサによってポンプバイパス2方弁の流量を調節している．空調機の温度調節弁による配管抵抗の増加分はバイパス弁によって調整されている．

② 開放型膨張タンクが接続されている配管最上部が基準圧力点⑦である．流量が変化すると⑦と⑦は一定で⑦と⑦の圧力は変化する．

③　流量が減少すると⑦〜②間の配管抵抗が減少し，ポンプの吸込揚程は配管抵抗の減少分だけ上昇するので②の圧力が上昇する．さらに流量が減少して運転台数が1台運転になると，⑦〜⑦間で吸込圧力と吐出圧力の差が小さくなってポンプ流量が増加しオーバーロードになった．

④　サプライヘッダー吐出圧力の設定値が配管システムに適した値ではなかった．

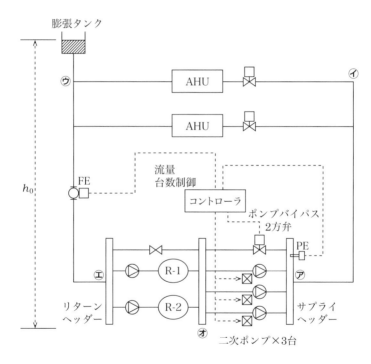

図 3-2-1　空調システム

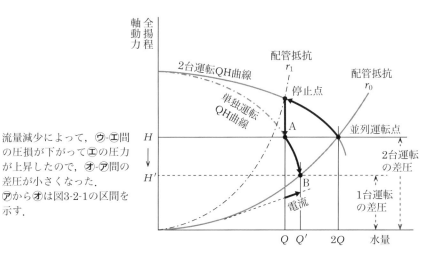

流量減少によって，⑦-①間
の圧損が下がって①の圧力
が上昇したので，④-⑦間の
差圧が小さくなった．
⑦から④は図3-2-1の区間を
示す．

図 3-2-2　ポンプの並列運転特性

　2 台運転中に流量が減少したので，停止点で 1 台運転に切り替えると，
配管抵抗は $r_1$ から $r_0$ になる．ポンプ運転点は単独運転 QH 曲線の点 A か
ら点 B に移動し，流量が $Q$ から $Q'$ になってオーバーロードとなった．

## ■ 改善案 ‥‥‥‥‥‥‥‥‥‥‥‥‥‥‥‥‥‥‥‥‥‥‥‥‥‥‥●

　サプライヘッダー吐出圧力は，図 3-2-1 の静水頭 $h_0$ [m] ＋二次ポンプ揚
程 [m] に設定する．

## ■ 教訓 ‥‥‥‥‥‥‥‥‥‥‥‥‥‥‥‥‥‥‥‥‥‥‥‥‥‥‥‥●

　以下のことを考慮して設計すれば，負荷変動によるポンプオーバーロー
ドは回避できる．

① 　二次ポンプの圧力制御は吐出圧力ではなく，ポンプ差圧を一定にする
　　ことによって，膨張タンクの位置や種類に関係なく，負荷側の差圧を安
　　定させることができるので，温度制御も安定する．

② 開放式の場合，膨張タンクの基準点をリターンヘッダーにすることにより，システム差圧の変動は小さくなり，ポンプの流量制御が安定するので，空調機の温度制御も安定する効果がある．近年では密閉式膨張タンクが採用されているが，流体温度によって基準圧力が変化するため，この場合もポンプ差圧によるバイパス制御を行う．

③ ポンプ吐出圧力は（吸込揚程＋ポンプ揚程）であることをおさえておきたい．ポンプの出力は一定なので流量が増えると，流体に加えることができるエネルギーが減るので，ポンプは流量が増加すると揚程は下がる．

# 3.3 変速ポンプと定速ポンプの構成で定速ポンプがオーバーロードした

流量変動が大きい建物の二次ポンプには省エネ効果を高めるために，インバータによる変速ポンプと定速ポンプ複数台を組み合わせるケースもある．システムの運転は流量によって定速ポンプを台数制御しつつ，吐出圧力を可変にして，最終段はインバータによって最小流量まで制御する方法である．空調負荷の減少に伴って流量が減少してきたとき，吐出圧力を下げるためにインバータ周波数を低くしていくところで，定速ポンプが台数制御で停止する前にオーバーロードで停止することがある．

## ■ 現象

空調システムは図 3-3-1 のような変速ポンプ1台と定速ポンプ2台を組み合わせた二次ポンプシステムである．冷温水流量によって定速ポンプを台数制御しつつ，変速ポンプによってヘッダーの吐出圧力を可変にするシステムである．終業間近になると空調機を順次停止するので，冷温水流量が減少する．流量減少によって定速ポンプを1台停止し，定速ポンプ1台と変速ポンプの組み合わせになったが，さらに流量が減少してインバータ周波数が低下すると，定速ポンプがオーバーロードで停止した．吐出圧力によるインバータ周波数とポンプバイパス弁の制御動作を図 3-3-2 に示す．

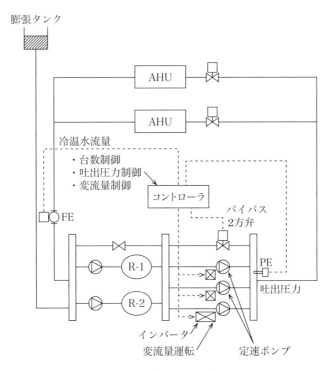

図 3-3-1　二次ポンプ変流量システム

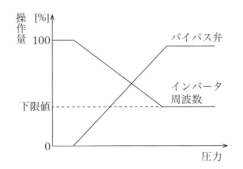

圧力によってインバータ周波数と
バイパス弁を同時に制御している.

図 3-3-2　圧力によるバイパス弁とインバータ周波数の動作

## ■ 原因 ●●●●●●●●●●●●●●●●●●●●●●●●●●●●●●●●●●●●●●●●●●●●●●●●●●●●●●

　変速ポンプ1台と定速ポンプを並列運転する場合，流量によって吐出圧力を可変にすると，変速ポンプは定速ポンプの運転曲線上から配管抵抗曲線に沿って移動する．変速ポンプの吐出圧力が下がるため定速ポンプの運転点は選定点より流量が増加する方向に移動するので，オーバーロードになった．

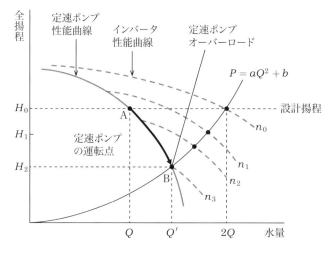

図 3-3-3　変流量ポンプの並列運転特性

　図3-3-3は定速ポンプ1台と変速ポンプ1台の並列運転特性である．流量 $2Q$ において変速ポンプの回転数は100％とする．流量が減少すると変速ポンプの回転数は $n_1$，$n_2$ となり，変速ポンプは定速ポンプの性能曲線に沿って点Aから移動する．さらに圧力が低下して回転数が $n_3$ になったところで定速ポンプの運転点は流量 $Q'$ の点Bになったためオーバーロードで停止した．

　吐出圧力設定値は，配管抵抗は流量の2乗に比例するという関係を利用して算出しているが，図3-3-2の下限値の設定が低すぎたと考えられる．

■ **改善案** ･･･････････････････････････････････････････････････････････

並列運転の場合と変速ポンプ単独運転の場合に分けて、インバータとバイパス弁の動作範囲を設定し、運転状態によって制御モードを切り換える.

① 並列運転の場合は吐出圧力一定制御を行う. 図 3-3-4 のように流量減少による吐出圧力の上昇分は変速ポンプのインバータ周波数によって調整する. 定速ポンプがオーバーロードにならない範囲でインバータの下限周波数を設定する. ポンプバイパス弁は変速ポンプが下限周波数の運転状態から制御を開始する.

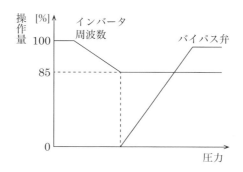

図 3-3-4 並列運転の制御例

② 定速ポンプが 2 台とも停止して変速ポンプ単独運転になると、流量による吐出圧力可変制御を行う. 図 3-3-5 に示すように並列運転時より低い周波数まで運転が可能である. インバータの下限周波数の決定について、冷温水供給系統が多岐にわたっていることもあるので、すべてに供給できるように注意が必要である. 下限周波数は締め切り運転にならないようにすることと、ポンプバイパス弁は変速ポンプが下限周波数から制御を開始する.

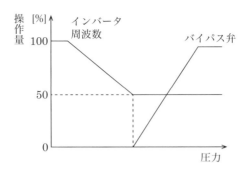

図 3-3-5　変速ポンプ単独運転の制御例

## ■ 教訓 ∙∙∙∙∙∙∙∙∙∙∙∙∙∙∙∙∙∙∙∙∙∙∙∙∙∙∙∙∙∙∙∙∙∙∙∙∙∙∙∙∙∙∙∙∙∙∙∙∙∙∙∙∙∙∙∙∙∙∙∙∙∙

・　複数の定速ポンプに１台の変速ポンプを組み合わせると，インバータ
で制御できる範囲が制限されるので，省エネ効果が小さい．

・　事例のシステムでは末端圧力を検出していないので，吐出圧力設定式
は最小流量での設定値は「0」ではなく，末端が必要圧力を確保できる
値にする．

・　変流量システムのポンプバイパス弁はポンプの締め切り運転防止が目
的であり，設計において弁サイズの選定はバイパス流量と下限周波数の
ポンプ揚程を条件設定することが大切である．

・　配管抵抗の変化とポンプの特性を事前に調べて圧力設定範囲やイン
バータ下限周波数を決定する．定速ポンプの台数が多いほど，インバー
タ下限周波数を切り換えるポイントの設定が難しくなる．常に吐出圧力
を可変にする場合は全台にインバータを設置することが望ましい．

・　省エネ改修計画ではよく検討されるが，イニシャルコスト優先になり
がちで，全台にインバータを設置することは見送られることが多い．イ
ンバータの設置工事費が安価になることを期待したい．

・　運用面では全台にインバータを設置する方が，運転管理者の取り扱い
は容易で省エネ効果は大きい．

■ NOTE

# 3.4 ポンプにインバータを設置しているが省エネにならない

ある庁舎の熱源システムは 2 ポンプシステムで，冷温水一次ポンプ，二次ポンプ，冷却水ポンプの流量調整と省エネを兼ねてインバータを設置しているが，自動で制御する仕組みがない．竣工当時はポンプごとにインバータの周波数を調整していたようだが，改修工事の現場調査で，インバータが適切に活用されていないことがわかった．

## ■ 現象

流量調整と省エネを兼ねてインバータを設置しているが，すべてのポンプが定格周波数（60 Hz）で運転しているため省エネ効果が出ていないうえに，インバータの損失分が消費電力に加わっていた．

2 台のガス冷温水発生機に冷却塔は 2 台設置されているが，冷却水ポンプは共通で 1 台設置されている．冷温水は事務室の空調機とペリメータ用の FCU に搬送されている．二次冷温水ポンプ CHP-4 を除いてすべてのポンプにインバータが接続されている．空調の運転は季節ごとに管理マニュアルに定めているが，インバータの設定値についての記述はなかった．各々のインバータ出力と運転電流は図 3-4-1 の通りである．

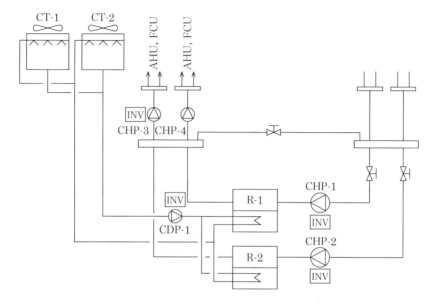

図 3-4-1　熱源システム

表 3-4-1　ポンプ電気容量と運転電流

| ポンプ記号 | 電気容量 [kW] | 方 式 | 運転電流 [A] | インバータ出力 [%] |
|---|---|---|---|---|
| CHP-1 | 7.5 | インバータ | 28 | 100 |
| CHP-2 | 7.5 | インバータ | 28 | 100 |
| CHP-3 | 22 | インバータ | 82 | 100 |
| CHP-4 | 15 | 定速 | 54 | － |
| CDP-1 | 55 | インバータ | 196 | 100 |

## ■ 原因

　ヒアリングによると，冷暖房の効きが悪いとクレームがあった頃に設備が経年によって性能が低下したと考えて，インバータの設定をすべて100 %（60 Hz）に設定を変更した．そのときはシステムの運転状態に異常がなかったので，そのまま運用を継続している．

　居室の冷暖房環境のクレームに対して，試験的に実施したところクレームが解消したので，以降そのまま運用されていると推定される．

## ■ 改善策 ・・・・・・・・・・・・・・・・・・・・・・・・・・・・・・・・・・・・・・・・・・・・・・・・・・・・・・・・・・・・・・・・・・・・・・ ●

　インバータ設定表を記入した運転マニュアルを作成して運用する．

　省エネ効果が出るのは，インバータ効率とモータ効率を考慮すると，インバータの周波数は 10 ％以上低減する必要がある．周波数設定の留意点を以下に示す．

### ① 冷温水二次ポンプの周波数

　配管距離が最も遠いところの空調機器に冷温水が流れていることを圧力ゲージや温度ゲージで確認する．

### ② 冷温水一次ポンプ

　変流量対応型の冷温水機は最小流量を仕様書などで確認する．定流量型の場合は断水リレーが作動しない範囲とする．

### ③ 冷却水ポンプ

　この事例では熱源機の運転台数が 2 台の場合と 1 台の場合があるので，注意が必要である．冷却塔で散水圧力（実揚程）が必要なことを考慮して設定値を検討する必要がある．周波数比の 2 乗でポンプ揚程が低くなるので，冷却水が冷却塔まで届くように注意する必要がある．

　熱源機が 2 台運転の場合は冷却塔，配管附属品など配管類の抵抗を確認して十分な水量を確保することが重要である．そのうえで削減余地があれば，水量を絞ることができる．例えば周波数を 85 ％まで低減できた事例がある．また 1 台運転の場合は停止中の熱源機の冷却水バルブを全閉にして，冷却塔までの流れと冷却水温度が仕様書範囲内にあることを確認しながら，50 ％程度から周波数を調整する．

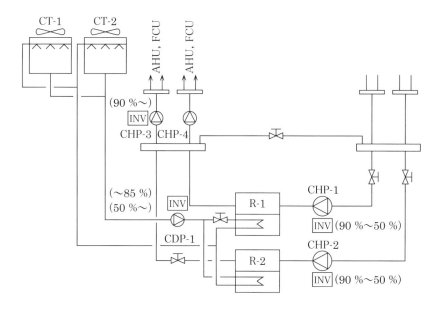

図 3-4-2　インバータの周波数調整範囲例

■ **教訓** ●●●●●●●●●●●●●●●●●●●●●●●●●●●●●●●●●●●●●●●●●●●●●●●●●●●●●●●●●

・　同類の事例はよく見かけるが，インバータが設置してあれば機器の運転状態が目的通りになっているか，関心をもっていただきたいと思っている．瞬停，停電があった復電後は主回路がバイパス回路に切り替わって，商用電源による定格運転に戻していることもあるので，注意が必要である．

・　省エネ対策でインバータの採用が普通になっているが，周波数設定を手動で管理する場合は，設定値とその根拠を文書化したものを全員に周知することが必要である．

・　管理担当者の異動による引継を確実にするために，文書化した最新版を関係者で共有すれば，このような運用にならなかったと思われる．

・　変流量の熱源システムを設計する場合は，制御システムを組み込んで
　自動運転する方がビル管理者には負担の軽減になる．

・　本事例に制御システムを追加する場合の例を図3-4-3に示す．

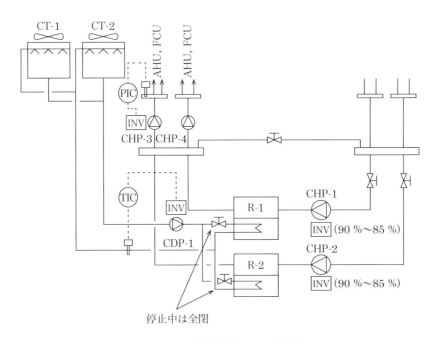

図3-4-3　自動制御による改善案

① **冷却水ポンプインバータ制御**

　　冷却水配管の温度ゲージタッピングを利用して，配管温度検出器を設
置し，冷却水出口温度によってインバータの周波数を制御する．熱源機
が停止中は冷却水弁を全閉にする．

　　冷却水温度を低くすると冷却塔ファンの消費電力が増加するデメリッ
トはあるが，熱源システムのエネルギー効率が向上するメリットが大き
いので，冷却水温度設定の参考にされたい．

**② 冷温水一次ポンプのインバータ周波数設定**

配管に流量計を設置することは工事が大がかりになることから，現状のままとして，可能な範囲でインバータの周波数を設定し省エネを図る．ただし，断水リレーが作動しない範囲で設定する．

**③ 冷温水二次ポンプインバータ制御**

ヘッダーの圧力ゲージタッピングを利用して圧力検出器を設置し，吐出圧力によってインバータの周波数を制御する．

# 3.5 ポンプモータがレアショート（層間短絡）で焼損

省エネ目的で既設のポンプにインバータを設置するが，400 V 級のモータはインバータからマイクロサージ電圧（1200 V くらい）が加わり，絶縁レベルを超えて，モータを焼損することがある．インバータとモータの間にはマイクロサージ対策用フィルタ，AC リアクトル，零相リアクトルを設置する対策を講じていても数ヶ月では起こらず数年後に起こることもある．

## ■ 現象

省エネのために既存熱源の冷却水ポンプにインバータを設置したが，2 年後にモータのコイルがレアショートによって焼損した．また，同時にインバータ部品も焼損した．ポンプのモータが焼損したので，冷却水ポンプが停止して，熱源が運転不能になった．

設備の状況は以下のようになっている．

・ 冷温水機の冷却水ポンプにインバータを設置し，冷却水温度によるポンプ回転数制御を行っている．

・ モータの電圧は 3 相 400 V である．

・ モータとインバータの間のケーブル配線長は約 40 m である（インバータは後づけのため設置場所の制約から 40 m になった）．

・ 設備は設置後 15 年経過していたが，その間モータは保守点検を行っていない．

・ インバータは汎用タイプで，盤内にはサージ電圧抑制フィルタ，AC リアクトル，零相リアクトルを装備している．

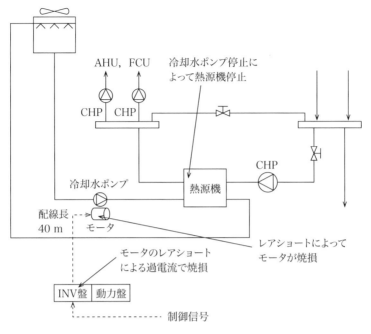

図 3-5-1 熱源システム

■ **原因** ·········································

・ メーカーがモータを分解調査した結果によると，短絡が見られたことからコイルのレアショート（層間短絡）が原因と推定した．ポンプ設置以来モータを一度も保守点検しなかったため，ダストの付着や吸湿が見られたことから，サージ電圧によって絶縁劣化が進行して層間短絡し地絡に至ったと考えられる．また，インバータユニット部品の焼損はレアショートによる地絡電流が原因と思われる．

## ■ 改善策 ･････････････････････････････････････････････ ●

① 　400 V級のモータにインバータを設置する場合は，絶縁強化モータを使用する（施工対策）.

② 　新設時はモータとインバータ間の配線距離は極力短くするように配置を計画する（設計対策）.

③ 　既設にインバータを後づけする場合はインバータとモータ間の配線長は最短にする（教訓①参照）.

## ■ 教訓 ･････････････････････････････････････････････････ ●

① 　モータは定期的に保守点検が必要である（清掃，オーバーホールなど）. モータの運転時間によって異なるが，定期保守点検は 1 ～ 2 年，オーバーホールは 5 ～ 10 年を推奨されている.

② 　既設の 400 V級モータにインバータを後づけする場合は絶縁強化モータに交換する（施工対応）.

③ 　日常点検でモータ運転中の電流値，異音，表面温度，振動など異常がないか確認する.

④ 　参考として，社団法人日本電機工業会の調査によると，サージ電圧による絶縁損傷事例の発生率は 0.013 ％で，インバータ稼働後数ヶ月以内に集中しているので，数ヶ月以降に発生する確率は極めて低いとのことである. 本事例が施工 2 年後に起こったことから，定期的に保守点検を行うことが必要である.

⑤ 　インバータを後づけする場合の留意点

　・ 　インバータ盤とポンプモータの配線長を可能な限り短くする

　　　インバータは商用電源を整流して平滑化し，直流に変換しているため直流電圧は交流電圧の $\sqrt{2}$ 倍になっている. AC440 Vの場合，約 620 Vになり，インバータ出力電圧の波高値はこのくらいである. インバータとモータの間の配線にはインダクタンス（L）と浮遊容量（C）

が存在し，インバータ素子のスイッチングによる電圧変化が，LC 共振によってサージ電圧が発生しモータ端子に高い電圧を印加する．この電圧はインバータ素子のスイッチング速度や配線条件によって異なるが，インバータ直流電圧の 2 倍（約 1200 V）に達することがある．モータ配線長が長くなるほどサージ電圧の倍率が上がり，インバータの直流電圧の約 2 倍で飽和することが報告されている．

　一方，モータが 200 V 級の場合は交流電圧が低いので，直流に整流してもインバータ出力電圧の波高値は約 280 V となるため，サージ電圧の影響は小さくなる．

・　インバータ盤の対策

　ポンプ，ファンにインバータを後づけするときのインバータ盤の構成例を図 3-5-2 に示す．インバータを後づけ設置する場合はインバータ盤内にサージ電圧，ノイズの抑制などの対策機器を設ける．

　停電するとモータはフリーラン状態になっているので，確実に停止してから再起動することと，復電したときに自動起動しないように再起動防止回路が必要である．また，インバータトリップ警報によって装置を停止できない場合は，定格商用周波数で運転を継続するバイパス回路が必要である．

　図 3-5-2 はすべてを網羅していないが，インバータ盤の設計にあたっては設置する周囲環境，目的，用途などによって，必要なオプションの選択と制御シーケンスならびに導入効果が確認できる仕組みを検討していただきたい．

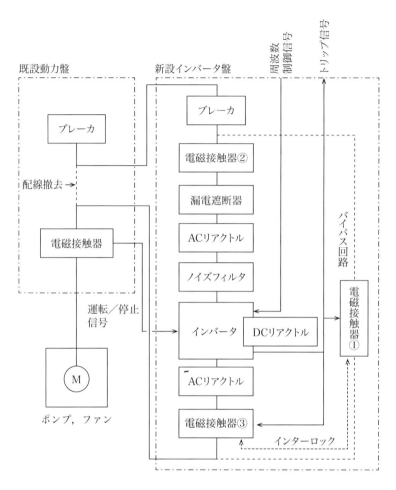

図 3-5-2　既設動力盤にインバータ盤の設置例

■ NOTE

## 3.6 冷房時と暖房時の負荷が大きく異なる空調機では給気温度がハンチングする

配管が2管式（冷水または温水を選択して使用する配管方式）の場合の空調機は，冷温水コイル1台で設計される．冷房負荷が暖房負荷より非常に大きい場合，暖房運転になると温度がハンチングして安定しない現象が見受けられる．建物の竣工時期によるが，暖房時の調整が十分でないため，実運用後に気づく不具合である．

### ■ 現象

冬期，暖房に切り替えると空調機の温度調節弁がハンチングを起こして，給気温度が不安定になったため，在室者が不快を感じた（ハンチングとは，制御量が周期的に変化する状態．乱調ともいう）．

### ■ 原因

空調機は冷温水コイル（空気・水熱交換器）で設計されていて，納入仕様書を確認すると冷水量が300 L/minで温水量は100 L/minである．温度調節弁は冷水流量を基準に口径は40 A（mm）が選定[*1]されている．

温度調節計は設定温度と計測温度（図3-6-1(b)では給気温度）の差（偏差）によって調節弁を0〜100％の範囲で操作するが，温水に切り換えると，調節弁の口径が大きいので，コイルには設計流量以上流れたためにハンチングした．

また，対数平均温度差が冷房より暖房の方が大きいので，調節弁が同一開度でもコイルの伝熱量が大きくなるが，暖房時の制御パラメータの設定が最適ではなかったことも原因である．

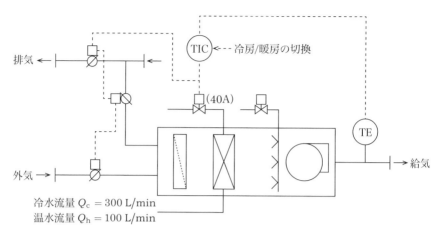

(a) トラブル時の計装

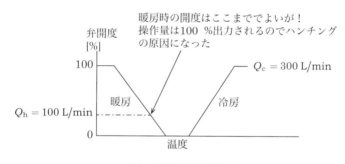

(b) 調節弁制御動作

図 3-6-1 空調機制御フロー図

## ■ 改善策 ......................................................●

① 温水温度を引き下げて，コイルの定格水量を増加させる．温水温度を引き下げるとコイルの伝熱能力が下がるので温水量が増加し，レンジアビリティ[*3.4]が大きくなる．また，伝熱能力が下がることによって給気温度の変動が小さくなるので，調節弁のハンチングが緩和される（ただし，温水温度の引き下げが他の空調系統に影響が出る場合は採用できない）．

　本事例の場合は温水温度を5℃引き下げて，制御パラメータを再調整することによりハンチングは緩和された．

② 温度調節計にマルチPID*6を設定できる場合は，冷房／暖房の切換信号を入力して温度設定と制御パラメータを切り替える．暖房の時は調節計の制御出力にリミッタ*6を設定する．例えば，暖房時の調節弁最大開度を徐々に小さくしながら，ハンチングの収束を確認する．

　温度調節計にマルチPID，出力リミッタ機能がない場合は，その機能を有する調節計に取り替えれば，ハンチングが改善できる場合がある．

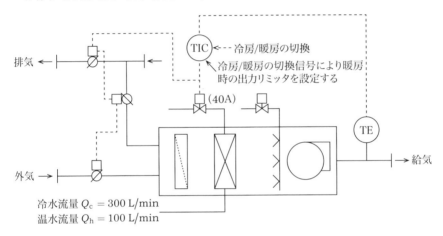

(a)　対策後の計装

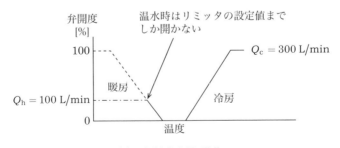

(b)　調節弁制御動作

図3-6-2　調節計機能の活用による改善

## ■ 教訓 ……………………………………………………………●

・　空調機を冷温水コイルで設計した場合，同一流量なら冷房より暖房の方が熱交換能力は大きくなる．そのため，給気温度センサが検出する温度変動は暖房の方が大きくなるので，温度調節計の制御パラメータは冷房と暖房を別々に設定する必要がある．

・　本事例のように冷房と暖房負荷が大きく異なる場合，図 3-6-3 のように専用の温度調節弁を設置することが望ましい．

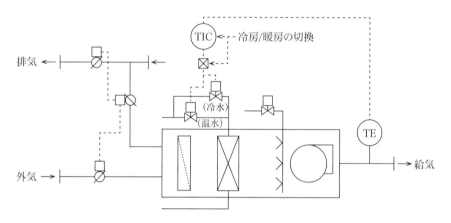

(a)　冷温水調節弁を別設置後の計装

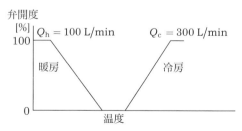

冷房／暖房の流量に適した調節弁を設置することによって，ハンチングを防止できる

(b)　調節弁の動作

図 3-6-3　望ましい設計

# 補足説明

## ＊1．空調温度調節弁の選定式

調節弁の口径選定は流体の流量と弁の差圧（設計値）によって式(1)で $Cv$ 値（補足説明 2）を算出する.

$$Cv = \frac{0.7 \times Q}{\sqrt{\Delta P}} \tag{1}$$

$Q$ ：容積流量　[L/min]

$\Delta P$：調節弁差圧　[kPa]

$Cv$：弁の流量係数

式(1)において, $\Delta P$ の考え方は冷温水の場合, 一般的に 29 ～ 49 kPa $(0.3 ～ 0.5\ \text{kg/cm}^2)$ で, $Cv$ 値を算出する. ここで算出した $Cv$ 値を計算 $Cv$ 値といい, これに近い値の調節弁をメーカーの仕様書から選定する. 選定した調節弁は弁体材質, 口径 [mm], $Cv$ 値などが仕様書に明記されている.

弁の口径単位はA呼称[mm]とB呼称（インチ）の2種類があり, 50 mm は50A または 2B と表記される. 1インチは約25.4 mm である.

ここで本事例の調節弁を選定する.

冷温水コイルの仕様は冷水流量 ＝300 L/min, 温水流量 ＝100 L/min である.

$\Delta P$ について, 空調機の冷温水弁は一般的に 29 ～ 49 kPa $(0.3 ～ 0.5\ \text{kg/cm}^2)$ なので 30 kPa とする.

冷水の場合, $Cv = \dfrac{0.7 \times 300}{\sqrt{30}} = 38.3$ となる.

A社の調節弁仕様より計算 $Cv$ 値が 38.3 に近い $Cv$ 値は 40 で, その口径は 40A である.

一方，温水時の $Cv$ 値を算出すると

$$Cv = \frac{0.7 \times 100}{\sqrt{30}} = 12.8 \text{ となる.}$$

A社の調節弁仕様より計算 $Cv$ 値が 12.8 に近い $Cv$ 値は 16 で，その口径は 25A である.

選定された調節弁は口径＝25A，$Cv$＝16 となる.

冷水で算出した口径をそのまま温水用に使用すると過大であることがわかる.

## ＊2．$Cv$ 値とは調節弁が流体を流す流量係数である

$Cv$＝1 とは，以下のように定義されている.

温度 15.5 ℃の清水（$H_2O$）を差圧「7 kPa (0.07 kgf/cm²)」のとき，3.785 L/min 流すことのできるポートサイズのことである.

調節弁には口径ごとに $Cv$ 値があり，補足説明1の計算式によって調節弁の口径（同口径で $Cv$ 値が複数ある場合はポートサイズ）を選定する（$Cv$ 値は同一口径でも調節弁のメーカーや構造によって異なる）.

## ＊3．調節弁のレンジアビリティとは

調節弁には口径ごとに制御可能な流量範囲がある．メーカーの仕様書に記載されているのは固有レンジアビリティといって，調節弁が制御可能な最大 $Cv$ 値と最小 $Cv$ 値の比のことである．レンジアビリティは製品ごとの流量特性図から $Cv$ 値を読み取って，特定の用途に使用する最大流量と最小流量を算出することができる．設計において，固有レンジアビリティは調節弁の選定過程で制御範囲の指標になっている.

**＊4．温水温度の引き下げによってレンジアビリティの改善をはかる**

　　調節弁が開方向に作動したときの立ち上がりが早いため，給気温度が目標値を超えてしまい，2方弁のレンジアビリティの範囲内で制御しきれなくなってハンチングを起こしている．

　　温水入口温度を引き下げることによって，温水と空気の温度差が小さくなるので，調節弁の作動による温度変化が緩やかになり，レンジアビリティの改善策として効果的である．また，温水温度の引き下げは省エネ効果があることも知られているが，室温の立ち上がりは若干遅くなるので，注意が必要である．

**＊5．対数平均温度差**（LMTD：Logarithmic Mean Temperature Difference）

　　対数平均温度差は，熱交換器において伝熱面の両側の流体温度差を示すが，場所によって一定ではないので，出入口温度差から等価値を求める方法である．対数平均温度差を利用することで熱交換器の熱交換量を算出することができる．

　　本事例の場合で示すと以下のようになる．

表3-6-1　対数平均温度差の算出

| | 冷温水条件 | | 空気条件 | | 対数平均温度差 LMTD [℃] |
|---|---|---|---|---|---|
| | $t_{w1}$ 入口温度 [℃] | $t_{w2}$ 出口温度 [℃] | $t_1$ 入口温度 [℃] | $t_2$ 出口温度 [℃] | |
| 冷房 | 7 | 12 | 28 | 15 | 11.5 |
| 暖房 | 50 | 45 | 12 | 35 | 22.8 |

・　対数平均温度差

　　冷房：$\Delta_1 = t_1 - t_{w2} = 16$ ℃，　$\Delta_2 = t_2 - t_{w1} = 8$ ℃，

$$\text{LTMD} = \frac{\Delta_1 - \Delta_2}{\ln\left(\dfrac{\Delta_1}{\Delta_2}\right)}$$

$$\text{LTMD} = \frac{16-8}{\ln\left(\dfrac{16}{8}\right)} = 11.5 \ \text{℃}$$

暖房：$\Delta_1 = t_{w2} - t_1 = 33 \ \text{℃}, \quad \Delta_2 = t_{w1} - t_2 = 15 \ \text{℃},$

$$\text{LTMD} = \frac{\Delta_1 - \Delta_2}{\ln\left(\dfrac{\Delta_1}{\Delta_2}\right)}$$

$$\text{LTMD} = \frac{33-15}{\ln\left(\dfrac{33}{15}\right)} = 22.8 \ \text{℃}$$

　伝熱面積が同じで，対数平均温度差は冷房が11.5 ℃に対して暖房は22.8 ℃なので，冷房より暖房の熱交換能力が大きいことがわかる．温水温度を引き下げることによって，温度上昇を緩和することができる．

## ＊6．マルチPIDと出力リミッタ

　マルチPIDはメーカーによって機能名称は異なり，マルチSPと呼ぶメーカーもある．複数の制御目標値と制御パラメータ（P：比例帯，I：積分時間，D：微分時間）を設定することができ，外部信号（接点）によって設定を切り換えることができる．

　本事例の改善案では，冷房用の目標値と暖房用の目標値ならびに制御パラメータを個別に設定し，冷房／暖房の切り換え信号を調節計に入力して目標値と制御動作を切り換える方法を提案している．

　出力リミッタとは，調節計の出力に上限値，下限値を設定することによって操作器の行き過ぎを防止する機能である．本事例では，冷房動作は上限100 ％～下限0 ％で調節弁を制御するが，暖房設定に切り替わったとき，出力リミッタに上限（例えば30 ％）～下限0 ％で調節弁を制御することによって，ハンチングを緩和した．

# 中間期の外気冷房によって室温が急な変動を繰り返した

外気冷房は中間期の冷房手段で省エネ的に有効な手法であるが，外気条件によっては冷水が必要な状況もある．外気冷房の可否判断を外気温度だけで行うと，冷水が供給されていない状況では，かえって室内温湿度が上昇することがあるので，湿度（または露点温度）の要素も取り入れる必要がある．また，中間期は外気温湿度の変動による室内温度への影響が大きいので，室内温度状況に合わせて取り入れる量を調節することも重要である．

## 現象

中間期に熱源を停止し，外気温度だけで外気冷房の可否判断を行っていたが，外気ダンパ制御がオン・オフ（還気・排気は連動）であったため，室内温度が急な変動を繰り返した．

---

### 補足

外気ダンパの開度は図 3-7-1 のように 30 ％ と 100 ％ の切り替えで，外気温度が設定温度以下のときはその状態の外気が 100 ％ 室内に供給されるが，設定温度以上になると 30 ％ の外気と 70 ％ の還気が混合されて供給されるので，ダンパ開度が切り替わったときは室内の温度が急に変動する．

---

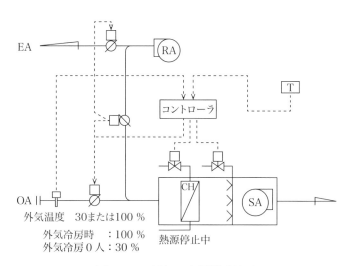

図 3-7-1　対象の空調機系統図

## ■ 原因

・　外気温度のみで外気冷房判断していることに加えて，外気ダンパ制御がオン・オフであるために外気量の変動が大きい．

・　冷房熱源がない部屋に外気量が 30 ％ と 100 ％ の間をオン・オフで繰り返していたため，室温変化の変動が大きくなった．

## ■ 改善策

外気冷房の有効条件は図 3-7-2 で①～④の範囲で囲ったハッチングの範囲である．

①　外気温度 < 室内温度

②　外気比エンタルピー < 室内比エンタルピー

③　外気露点温度 < 外気露点温度上限値（除湿エネルギーが必要になるため）

④　外気温度 > 外気温度下限値（必要以上に低い温度を取り込んで，暖房要求にならないため）

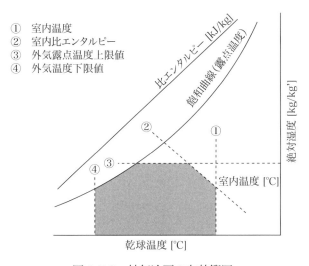

① 室内温度
② 室内比エンタルピー
③ 外気露点温度上限値
④ 外気温度下限値

図 3-7-2　外気冷房の有効範囲

　外気冷房可否判断は外気温度だけでなく，図 3-7-2 の有効条件が判定できるように外気温・湿度，室内温・湿度を計測する．露点温度は温度・湿度の値を用いて演算するので，四則演算が可能なコントローラが必要になる．

　外気冷房有効時のダンパは比例制御に変更する．

## ■ 教訓 ·······································●

・　外気冷房可否判断は温度だけでなく比エンタルピー差で行い，ダンパは比例制御する．

・　外気冷房を効果的に行うためには設備費用が高くなる割にその効果の評価は難しいが，安易な方法を取り入れた結果，省エネ対策としては中途半端になることがあるので，空調負荷や建物規模などの立地環境を考慮して導入を検討する必要がある．

　外気冷房による省エネ効果の試算例を以下に示す．空調面積 600 m² 程度とした．

① **建物条件**

用途：事務所ビル

空調時間：8：00 ～ 18：00，稼働日数：250 日／年

空調期間：冷房　5 ～ 10 月，暖房　12 ～ 3 月，

空調設備：設計外気量 4500 m³/h，最大外気量 15000 m³/h

② **室内条件**

表 3-7-1　シーズン別温度湿度条件

|  | 温度 [℃] | 湿度 [%] | 比エンタルピー [kJ/kg] |
|---|---|---|---|
| 冷　房 | 26 | 50 | 52.88 |
| 中間期 | 24 | 50 | 47.78 |
| 暖　房 | 22 | 40 | 38.78 |

露点温度上限値：中間期 24 ℃，50 ％の露点温度 12.9 ℃…実践では
さらに高い露点温度を設定

外気温度下限値：10 ℃

使用外気データ：気象庁過去データより 2021 年 1 ～ 12 月，8：00 ～
18：00，大阪市

③ **効果試算**

5 月，10 月の時刻別（8：00 ～ 18：00）外気データに外気冷房有効条
件をフィルタにかけて，外気冷房可能な外気データを取り出し，月別に
時刻別の削減エネルギーを算出して，時刻別の外気冷房可能な頻度を乗
じて年間の削減量とした．

試算の前提条件：

・　外気冷房による外気量増加分は一定とした．

　（15000 m³/h － 4500 m³/h ＝ 10500 m³/h）

・　外気冷房可否判断の比エンタルピー差には閾値なしとした．

- 室内条件：中間期 24 ℃，50 %RH

計算過程の項目は以下の計算式より算出した.

ⓐ 比エンタルピー差：外気冷房可能な比エンタルピー差の時刻別平均値

（中間期室内条件の比エンタルピー − 各時刻の外気比エンタルピー）の平均値

ⓑ 削減熱量 [MJ/h]

時刻別比エンタルピー差 [kJ/kg] × 外気量増加分 [m³/h] × 20 ℃ の空気の比重（1.17 kg/m³）÷ 1000

ⓒ 外気冷房可能な回数

図 3-7-2 の外気冷房条件を満たす外気状態を，月別・時刻別にカウントした回数

- 室内温度 24 ℃以下
- 外気比エンタルピー ＜ 中間期室内条件の比エンタルピー
- 外気露点温度 12.9 ℃以下
- 外気温度 ＞ 10 ℃

表 3-7-2　外気冷房による削減エネルギー

| 時　刻 | 8:00 | 9:00 | 10:00 | 11:00 | 12:00 | 13:00 | 14:00 | 15:00 | 16:00 | 17:00 | 18:00 | 月合計 [MJ/月] |
|---|---|---|---|---|---|---|---|---|---|---|---|---|
| ⓐ 5 月 比エンタルピー差 | 11.16 | 10.96 | 10.03 | 11.51 | 10.43 | 9.45 | 10.75 | 9.13 | 9.91 | 10.98 | 11.10 | |
| ⓑ 削減熱量 [MJ/月] | 137 | 135 | 123 | 141 | 128 | 116 | 132 | 112 | 122 | 135 | 136 | |
| ⓒ 外気冷房可能な回数 | 12 | 11 | 11 | 9 | 9 | 10 | 8 | 7 | 9 | 8 | 8 | |
| 削減熱量 [MJ/月] | 1645 | 1481 | 1355 | 1273 | 1153 | 1161 | 1056 | 785 | 1096 | 1079 | 1091 | 13175 |
| ⓐ 10 月 比エンタルピ 差 | 15.52 | 15.07 | 13.68 | 12.59 | 12.68 | 12.29 | 11.58 | 11.94 | 12.31 | 12.51 | 13.74 | |
| ⓑ 削減熱量 [MJ/月] | 191 | 185 | 168 | 155 | 156 | 151 | 142 | 147 | 151 | 154 | 169 | |
| ⓒ 外気冷房可能な回数 | 13 | 12 | 13 | 13 | 12 | 13 | 15 | 15 | 15 | 15 | 14 | |
| 削減熱量 [MJ/月] | 2479 | 2222 | 2185 | 2011 | 1869 | 1963 | 2134 | 2199 | 2269 | 2306 | 2363 | 24000 |

表 3-7-2 より,年間のエネルギー削減量は最大で 37175 MJ/ 年となる.

熱源が電動ヒートポンプの場合,削減電力量は 3442 kWh/ 年となる.

計算式:熱電換算係数 = 3.6 MJ/kWh,COP = 3.0 として,

$$(37175 \text{ MJ/ 年} \div 3.6 \text{ MJ/kWh}) \div 3.0 = 3442 \text{ kWh/ 年}$$

計算例は効果を定量化する考え方を示しているので,外気冷房システムの導入を検討されるときの参考にしていただきたい.

**④ 外気冷房計画の目安**

外気冷房を計画する際の目安として,主要都市の外気冷房可能範囲を図 3-7-3 に参考に示す.期間は,2021 年 1 〜 12 月で,8:00 〜 18:00 における時刻ごとの外気温湿度データより比エンタルピーを算出した月別 10 日ごとの平均値である.実際に検討される場合は建設地に近い気象データを使用して効果を評価することが必要である.

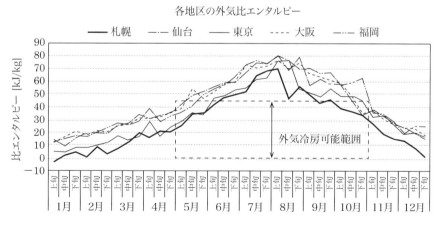

図 3-7-3 各地域の外気冷房可能範囲

# インバータによって風量制御すると給排気のバランスがくずれた

事務所ビルではVAV方式の空調システムが採用され，空調負荷変動対応として給排気ファンにインバータを設置して回転数を制御する例は数多くある．給排気ファンの回転数を制御する方法はいくつかあるが，ファンの風量変化によって建物の風量バランスがくずれて，扉の開閉トラブルなどが起こる．

## ■ 現象

居室のVAVユニット風量が減少したところ，居室と廊下の風量バランスがくずれてドアが開閉しにくくなった．

システムは図3-8-1のように各居室の給気にVAVユニットを設置した空調システムで，給気静圧を一定にするため給気と還気ファンにインバータを設置している．しかし還気側にはVAVユニットを設置していない（理由は不明）．また，トイレから一定量の排気がある．

VAVユニットの開度によって給気静圧が変動するので，静圧が一定になるように給気ファンはインバータで回転数を制御している．連動している還気ファンのインバータは給気ファンと同一信号で制御している．

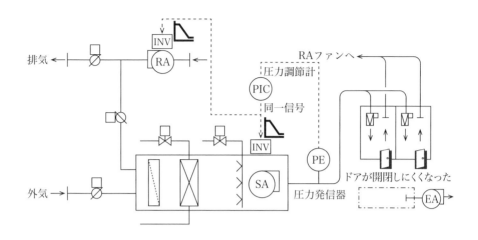

図 3-8-1　VAV 空調システム

### ■ 原因

　給気ファンと還気ファンの風量が異なるのに給気静圧で同時制御した．
また，制御信号に対するインバータの作動範囲の設定について，一定量の
トイレ排気があることが考慮されていない．

　給排気風量が小さくなるほど，一定量のトイレ排気の比率が大きくなる
ので，全体として負圧になる．

### ■ 改善策

　圧力調節計の制御信号に対するインバータの下限周波数は給気ファン，
還気ファンを個別に設定する．上限周波数は定格（60 Hz または 50 Hz）
と考えられるが，風量調整の結果によって定格とは異なることもある．イ
ンバータの上下限周波数の設定について 2 通りの方法がある．

① 　圧力調節計から分岐している制御信号に比率設定器（レシオバイアス
　　設定器）を追加し，還気ファン用の上下限を設定する（図 3-8-2）．

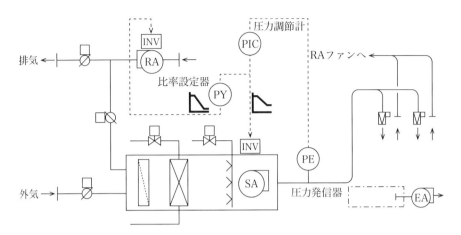

(a) 比率設定器を追加する計装

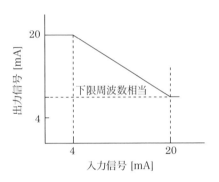

(b) 比率設定器の設定例

図 3-8-2　改造可能な場合の改善策 1

② インバータメーカーの仕様によるが，入力信号に対する上下限周波数
　を設定できる機能があるので，インバータの出力周波数を給気ファンと
　還気ファンを個別に設定する．

　詳細の設定方法などはインバータメーカーの取扱説明書を調べる
　（図 3-8-3）．

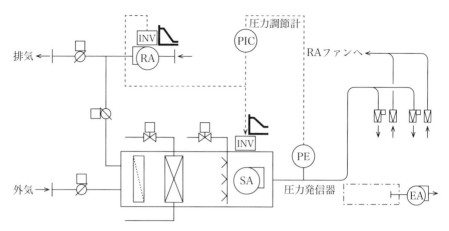

(a) インバータの調整による計装

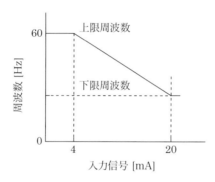

(b) インバータ上下限周波数の設定例

図 3-8-3 改造が難しい場合の改善案 2

### ■ 教訓

・ 給気と還気の風量特性を考慮した調整が必要である.

・ VAV 方式空調システムでは各室の風量バランスに留意して給気, 還気ダクトに VAV ユニットを設置することが望ましい.

・ 送風機に設置したインバータの上下限周波数設定については室内温度環境の悪化や, 換気量不足などにも注意が必要である.

VAV ユニットは個別の空調に対応する風量制御装置として普及し
ているが，空調システムとして高度な制御が提供されている一方，
システムがデジタル化されているためにブラックボックスの集合体に
なっている．そのため，不具合が起こったときに個々のコントローラ
の動きがわかりにくく，原因調査に多大な時間を費やすことがある．
ビル管理者がシステムを扱うための知識として事例の紹介と VAV 空
調システム機能の一例を解説する．

## ■ 現象

VAV の冷房／暖房を自動切り替えするシステムで，暖房状態で低負荷の
とき，給気温度と室内温度が逆転したため，コントローラは冷房と判断し
た．VAV は冷房モードに切り替わり，室内は冷房負荷がないにもかかわら
ず VAV 送風量が増加し，最大風量になった．VAV は最小風量で給気ファ
ンの送風量は減少しているはずだが，不要な切り替えが働いたため，エネ
ルギー的にムダな運転になった．

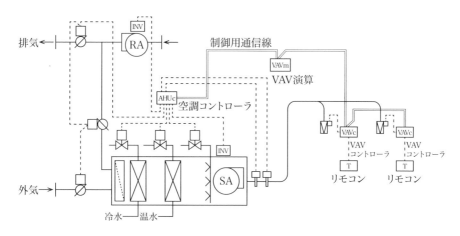

図 3-9-1　VAV システム系統図

## ■ 原因 ●●●●●●●●●●●●●●●●●●●●●●●●●●●●●●●●●●●●●●●●●●●●●●●●●●●●●●●● ●

VAV の冷房・暖房判断を自動で行う場合，給気温度と室内 VAV の冷房／暖房状態によって判断される．暖房給気温度を高く設定すると，室内温度が上昇して冷房設定値を超えることがある．その後，給気温度設定値は低下していくが，給気温度が室内温度を下回った時点で冷房と判断する．室内温度が冷房設定より高いので VAV は冷房モードになって風量が増加し，最大風量になった．

実際には室内冷房負荷がない状態においても，室内温度より低い給気温度を冷風と判断して冷房時の動作で風量を増加させたため，ムダな運転となった．

図 3-9-2 に室内温度と給気温度の変化イメージを示す．温度設定は暖房 20 ℃，冷房 26 ℃である．給気温度が高く，室内温度が上昇して VAV の制御範囲に入ると徐々に給気温度設定を下げるが，暖房負荷が小さいため最小風量になっても室内温度が上昇して冷房設定値より高くなった．VAV は冷房モードになり，風量が増加し始めて最大風量になった．

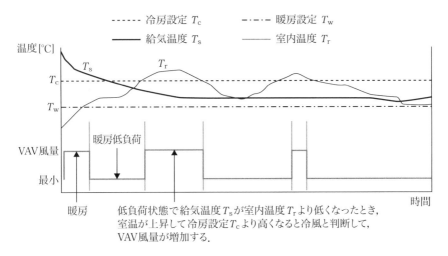

図 3-9-2　暖房低負荷時の状態例

## ■ 改善策 ••••••••••••••••••••••••••••••••••••••••••••••••••••••••••••••••••

① 室内温度設定に対して，給気温度状態の冷房／暖房の判断の閾値<sub>しきいち</sub>を ± 2 ℃以上にする．例えば，室内冷房温度設定 26 ℃に対して給気温度が 24 ℃以下なら冷風（冷房）と判断する．また，暖房温度設定 20 ℃に対して 22 ℃以上なら温風（暖房）と判断する．

② 冷房／暖房の判断する室内温度の設定幅を大きくする．（例えば，冷房／暖房の設定幅 5 ～ 7 ℃）

## ■ 教訓 ••••••••••••••••••••••••••••••••••••••••••••••••••••••••••••••••••••••

・　VAV は利用者に快適な環境を提供し，エネルギー利用の最適化に有効だが，冷房／暖房が自動で切り替わるシステムは高機能であるゆえに，しばらく実運転しなければ切り替えの閾値を決定することは難しい．BEMS を導入し，初期設定（デフォルト値）による運用データを収集しておくと，不具合が生じたときに再調整する基礎データとして有効である．

- VAV の暖房設定をむやみに高くした場合に起こりやすいと考えられるので，管理者がリモコンをパスワードロックするか，中央管理方式で管理するのが望ましい．利用者がむやみな操作をできない工夫も必要である．

- 複雑な機能を実現するために個別のコントローラはブラックボックス化してネットワーク通信しているが，ビル管理者には多様な操作をしなくてもよいようにつくられていると感じる．また，VAV ユニットとの取り合い仕様は業界標準的になっているので，ビル管理者にとってユニットの交換，増設が簡単に行うことができる．ただ，システムを提供するメーカーによって制御ロジックが異なるので，機能仕様を理解することと，様々な設定値はデフォルト値（初期設定値）にまかせず，建物の利用特性に合わせて管理することによって VAV システムの最適な運用ができると考える．

- VAV システムは居室の換気量不足に注意が必要で，$CO_2$ 濃度計などの管理計器を導入することや最低換気風量は安全サイドに設定することが望ましい．

---

## 補足説明

### 1．VAV システムについてビル管理の留意点

#### (1) 室内環境への配慮

VAV 空調は風量を調節するので，冷暖房負荷が小さい時期は給気量が減少することによって，クレームになることがある．

① 室内 $CO_2$ 濃度が上昇する．

空調負荷が小さくなると VAV は風量を絞るので，室内の給気量が減少するとともに外気量が減少して，室内 $CO_2$ 濃度が上昇する．近年は感染症対策として換気量を十分確保することを求め

られている．そのために換気風量を確保する必要がある．

② 風量が低下すると VAV から吹き出し風量が下がるため室内で局部的に空気が対流する．特に暖房時は天井付近に暖かい空気が滞留する．

VAV を組み込んだ空調は制御システムの仕組みによるが，給気温度設定に VAV 開度や室内条件を反映していないシステムは空調機の給気温度を一定にせず，軽負荷月（6月，9月）は給気温度を緩和して，風量が増加するような運転をすることでクレームを回避できる．

## (2) 混合ロスによるエネルギーのムダに注意

インテリア空調に給気温度ロードリセット制御を導入しているシステムでは，VAV 居室の温度を異常な値に設定されると，給気温度設定機能がその影響を受けてペリメータ空調と混合ロスが生じる．

① 冷房期間中にインテリアの VAV 温度を極端に高く設定すると，ロードリセット制御は暖房要求と判断し，空調機の給気温度を高い値に変更するので温度が上昇する．インテリアには暖房風が流れる一方，ペリメータ空調機が冷房運転していると混合ロスが生じてエネルギーのムダが生じる．

OA 機器の導入拡大によってオフィスのインテリアは年間冷房が多くなっている．冷房時期の給気温度の上限値は室内温度程度に抑えるのが適切な運用と考える．

利用者が異常な値に設定することを防止する対策として，温度設定は中央管理にして利用者が変更できる範囲を限定的にすることである．リモコンに管理者パスワードを設定できるならそれを活用するのもよい．

## ２．VAV システムの動作

　技術報告書やメーカーの説明書などから，VAV システムの制御動作を解説する．VAV システムの制御項目を整理すると，以下の 3 項目が挙げられる．

### (1) VAV ユニット温度制御

　室内温度により VAV コントローラでユニットのダンパを作動させて風量を制御する．VAV ユニットは風量センサを内蔵し VAV コントローラにフィードバックする．

### (2) 空調機ファン回転数制御 (表 3-9-1)

　VAV コントローラから送られた要求風量信号と静圧過不足状態信号を VAV 管理モジュールが VAV の風量過不足状態を多数決で判断し，給気ファンと還気ファンの回転数 (周波数) を制御する．

### (3) 給気温度最適化制御 (図 3-9-4, 表 3-9-2)

　VAV コントローラの温度制御状態が最小風量から最大風量の範囲にある場合を適正範囲 (図 3-9-4 の $cw$) とし，暖房中に最大風量でも暖房設定温度にならない場合は暖房増加の範囲 (図 3-9-4 の $w_1$) とし，冷房中に最大風量でも冷房設定温度にならない場合を冷房増加の範囲 (図 3-9-4 の $c_1$) とする．すべての VAV の温度制御状態を多数決で判断し，給気温度設定値を基準値に対して増減する．基準となる給気温度は管理者が設定する．給気温度の設定制御は数分周期で行われる．

　VAV 空調制御システムの機能構成を図 3-9-3 に示す．

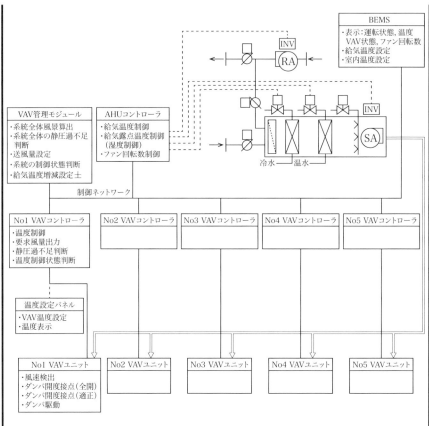

図 3-9-3　VAV 空調制御システムの機能構成図

## ３．個別機能の説明

### (1)　系統全体風量算出

　　空調機系統の VAV（図 3-9-3 では No.1 ～ 5）から送られた要求風量を加算する．算出した風量は(2)項の静圧過不足判断によって風量を増減補正する．

### (2)　系統全体の静圧過不足判断

　　各 VAV のダンパ開度信号（接点）より空調機系統の静圧過不足を判断し，給気風量を補正する．

図 3-9-3 の場合の例，○：静圧適正，過：静圧過剰，不足：静圧不足

表 3-9-1　VAV 開度信号による給気静圧判断例

| VAV No. | 1 | 2 | 3 | 4 | 5 | トータル過不足判断 | ファン回転数 |
|---|---|---|---|---|---|---|---|
| VAV開度信号 | ○ | ○ | ○ | 不足 | ○ | 不足 | 増加 |
| | 過 | 過 | 過 | 過 | 過 | 過 | 減少 |
| | ○ | ○ | 過 | ○ | ○ | ○ | — |
| | ○ | ○ | 過 | 過 | ○ | ○ | — |
| | ○ | 過 | 過 | 過 | ○ | ○ | — |

## (3)　VAV の温度制御状態判断

　　各 VAV コントローラから温度制御状態を出力するので，VAV 管理モジュールは空調機系統全体の制御状態を判断する．系統全体の制御状態から空調機の給気温度を決定する．

　　VAV の制御状態は VAV 風量と室内温度によって，図 3-9-4 のゾーンに区分している．

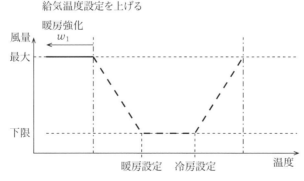

(a)　風量最大で室内温度が下降

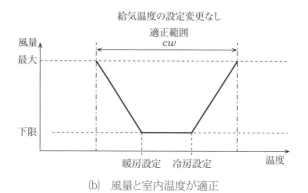

(b)　風量と室内温度が適正

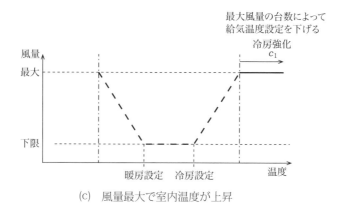

(c)　風量最大で室内温度が上昇

図 3-9-4　VAV ユニットの制御状態判断例

## ⑷　給気温度増減設定

　VAV ごとの制御状態（図 3-9-4）より，給気温度のロードリセット制御を行う．VAV ごとの制御状態によって，給気温度を基準値に対して増減設定している例を以下に示す．考え方は多数決だが，状況に合わせた運用ができるようになっている．

表 3-9-2　給気温度ロードリセット例

| VAV No. | 1 | 2 | 3 | 4 | 5 | 給気温度変更 | 設定 ± [℃] |
|---|---|---|---|---|---|---|---|
| | $c_1$ | $c_1$ | $c_1$ | $c_1$ | $c_1$ | ↓ | −1.0 |
| | $cw$ | $cw$ | $cw$ | $cw$ | $cw$ | − | 0.0 |
| | $w_1$ | $w_1$ | $w_1$ | $w_1$ | $w_1$ | ↑ | +1.0 |
| 制御状態 | $c_1$ | $cw$ | $cw$ | $c_1$ | $c_1$ | ↓ | −0.5 |
| $c_1$, $cw$, $w_1$ | $w_1$ | $cw$ | $w_1$ | $cw$ | $w_1$ | ↑ | +0.5 |
| | $c_1$ | $c_1$ | $w_1$ | $w_1$ | $w_1$ | ↑ | +0.5 |
| | $c_1$ | $w_1$ | $c_1$ | $c_1$ | $w_1$ | ↓ | −0.5 |
| | $c_1$ | $cw$ | $w_1$ | $w_1$ | $cw$ | ↑ | +0.5 |

■参考文献

村上俊博，BEMS による VAV 空調システムの最適化制御，

電気設備学会誌 2006 年 2 月，pp.106-109

■関連特許

特許番号 (特許第 5269189)，制御装置および方法，

開発者：㈱アズビル　太宰龍太，上田悠

機器が運転状態である時点の状態を計測することを状態計測と定義し，一定の時間間隔で連続的に自動記録することを連続計測と定義している．連続計測は計測する物理量に合わせて専用のデータロガーが存在するが，BEMS，FEMSによって連続的に様々な計測データを収集することも可能である．ここでは，簡易的な電力計測方法と電力以外の現場指示計（流量，調節計など）から連続計測データを作成する方法を紹介する．

## １．電力計測

ACクランプメータを使って運転電流を計測することによって電力を算出することができる．図3-10-1，図3-10-2に計測位置を示す．

・ 3線のうち2線の電流 $I_1$，$I_2$ を計測する（2電力計法）．

・ インバータを接続した動力はインバータの出力周波数が大きく変動して波形が歪んでいるのでインバータの入力側（一次側）で計測するのが一般的である．

・ 2線の電流値より電力を算出する．

計算式　電力 $[\mathrm{W}] = \sqrt{3} \times \dfrac{(I_1 + I_2)}{2} \times 電圧 \times 力率$　　　(1)

電圧 $[\mathrm{V}]$：電圧計があればその値，なければ配電盤図の値

$I_1$，$I_2$ $[\mathrm{A}]$：運転電流（R，S，T相のいずれか），ACクランプメータで計測する．

力率　　：機器ごとによって変動するが $0.8 \sim 0.85$（遅れ）とする．機器仕様書に力率の記載があればその値を使用してもよい．

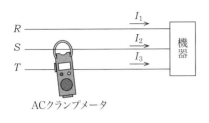

図 3-10-1　一般動力回路の計測

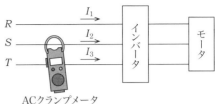

図 3-10-2　インバータ回路の計測

## ① AC クランプメータの選び方

　AC クランプメータには平均値指示型と実効値指示型がある．平均値と実効値の大きさの違いは $\sqrt{2}$ だが，測定電流が正弦波であることが前提である．インバータやスイッチング電源の採用が増加し，測定電流に歪みの有無を注意する必要がある．管理業務では，実効値指示型を使用することをお薦めする．

　同じ回路を測定すると，実効値指示型より平均値指示型の方が値は小さく表示される．

## ② 電流ロガーによる電力計測

　電力を連続計測する場合は電流ロガーを使用することで一定周期の電流を連続記録するので，収集したデータを式(1)で計算すれば電力が算出できる．それらのデータから 1 時間積算値を算出し，日負荷などの傾向を把握することができる．

　電流ロガーの記録周期は決められた段階の中から設定する．計測値はソフトウェアによる真の実効値を演算し，周期ごとの最大値または瞬時値を記録する．

　図 3-10-3，3-10-4 に三相 3 線回路の計測例を示す．ロガーに収集したデータは CSV 形式で外部に出力できるので，表計算ソフトのセルに式(1)を関数で設定すれば自動計算されて電力が算出される．

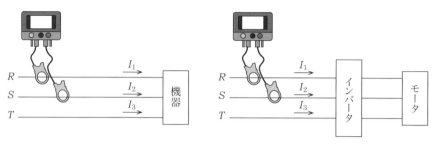

図 3-10-3

一般動力回路へのロガー設置

図 3-10-4

インバータ回路へのロガー設置

　電力データは電圧がほぼ一定であることから AC クランプメータがあれば，電力がわかる．電流ロガーの設置例を図 3-10-5 に示す．

図 3-10-5　電流ロガーの設置例

## ２．エネルギー管理における電流ロガーの活用例

　電流ロガーは高速でデータを記録するので，蓄積したデータを用いて設備の ON-OFF 状況や，運転時間を算出することができ，さらに運用改善につなげることができる．

応用例として,

- ローカルで自動運転している衛生設備(排水ポンプ,給水ポンプなど)の発停回数,日運転時間より水量の推定
- 給湯設備の貯湯槽温度によるボイラの発停間隔,運転時間より,発停ロスの推定
- オイルサービスポンプの運転時間データより燃料使用量の推定
- 電動ヒートポンプチラーの温度設定緩和など運用改善
- エアコン,照明の使用状況(日々のON-OFF)より,省エネの啓蒙資料の作成

など,電気を動力源としている設備にはいろいろな応用が考えられる.

省エネ診断において給湯設備の温水ボイラの運転状況を電流ロガーで数日間計測した事例を紹介する.

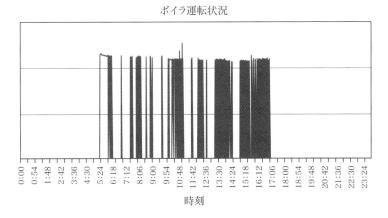

図 3-10-6　ボイラの運転状況

この事例では,ウォークスルー中にボイラの発停間隔が短かったので,運転電流を 500 msec で一定期間収集し発停の時間間隔を調査した.その結果,貯湯槽の温度調節器による ON-OFF の間隔を広げてボイラの発停回数を少なくすることで,エネルギーロスを低減し,燃料を削減できた.

図 3-10-6 は 1 日分のデータを 500 msec から 1 分周期に編集したもので
ある．

### 3．現場指示計の読み値を連続計測する

　温度，湿度，燃料流量など現場指示計しかない場合の連続計測について
紹介する．タイムラプス撮影（またはインターバル撮影）機能のあるデジタ
ルカメラを使用する．スマートフォンでもタイムラプス撮影機能を有する
機種もあるので，それらを活用することで連続計測データを取得できる．
撮影のためにカメラ三脚と夜間撮影用の照明が必要で，撮影時間によって
は外部電源も必要になる．屋外の場合は，日射よけ，雨よけカバーや盗難
防止対策も必要になるので，準備の面倒さが難点である．

　撮影した画像データより 1 コマずつ指示値を読み取って所定のフォー
マットに手入力する作業を行う．データ量によっては大変な労力になる
が，一時的な調査や省エネ診断に有効である．撮影データが動画フォーマッ
トになっていれば 1 コマずつ送りながらデータを読み取っていく．撮影す
る時間間隔は計測目的によって異なる．1 時間ごとの積算値が必要なら 60
分間隔で数日間撮影し，メータのカウンター値の差分を時間ごとに計算す
ればよい．また，温度変化のトレンドを見る場合，配管・ダクト温度なら
5 〜 10 分間隔が適当と思われる．後のデータの読み取り作業にかなりの時
間がかかる覚悟が必要である．図 3-10-7 は定常的な空調状態のガス使用
量を計測した事例の一部分である．

図 3-10-7　ガスメータのタイムラプス撮影例（10 分）

## 4．温熱環境管理について

　ビル管理において利用者から温熱環境に関するクレームが寄せられるが，温熱感は個人差があるので，個別の対応に苦慮することがある．室内温湿度を一定期間計測して状況を把握することから始まる．政府の省エネに関する啓発活動によって，気運が高まり，冷暖房エネルギーに頼るだけでなく，着衣量による体温調節や扇風機など気流の併用による体感温度の調節が行われている．

　その理由を代表的な快適性の評価指標の定義によって紹介する．

　快適性の評価指標とは，人が感じる暑さ・寒さに関する感覚（快適さ）を数値で表し，評価することである．

① **作用温度**　OT（Operative Temperature）

　壁面温度と周囲気流の状態により体感温度は違うことを加味して，乾球温度・放射熱・気流をもとに算出される．人体の発熱は考慮されていないので，気流による冷却効果は評価されないため，作用温度は暖房時

に用いられる.

実務的には放射熱や対流熱を省略して,対象箇所の室内温度と周囲壁面の放射温度を重み付けして,その平均値としてもよいと考える.放射温度は市販の放射温度計を用いる.

② **不快指数**　DI, THI (Discomfort Index, temperature-humidity index)

乾球温度と相対湿度から算出されるが,夏の蒸し暑さの程度を数値で表した指標である.不快指数の求め方にはいくつかあるが,日本で用いられているのは,

$$\mathrm{THI} = 0.81T + 0.01H(0.99T - 14.3) + 46.3$$

THI：不快指数,　$T$：乾球温度 [℃],　$H$：相対湿度 [%]

算出した不快指数の範囲 (例：65 〜 70) について,温熱感 (例：快適) が定義されている.

③ **有効温度**　ET (Effective Temperature)

放射の影響を無視して,乾球温度・湿球温度・気流をもとに,人体の温感に与える効果を実験的に求められた温度表示法である.有効温度を求めるには有効温度図表を用いる.また,放射温度を考慮した修正有効温度 (CET Corrected Effective Temperature) がある.

④ **予想平均温冷感申告**　PMV (Predicted Mean Vote)

快適方程式に基づき環境温度を温冷感で評価する指標である.PMV は −3 から +3 の間で快適性を表し,PMV = 0 を中立として −0.5 〜 +0.5 が快適範囲とされている.

PMV はデンマーク工科大学のオレ・ファンガー教授が被験者実験によって関係式を導き出した.方程式には気温 [℃]・湿度 [%]・風速 [m/s]・熱放射 [℃],人の活動量 [met] と着衣量 [clo]),が組み込まれている.

実務的には，計測可能な変数は気温と湿度なので，他の変数は固定値を代入して計算することが多い．

①〜④より，快適性は冷房・暖房エネルギーに頼るだけでなく着衣量や風速によっても得られるので，これらの知識をビル管理に役立てていただきたい．

# 用語説明

## ● AC リアクトル

インバータの入力または出力側の交流回路に設置するリアクトルで，インバータの入力側の交流リアクトルは，力率改善及び高調波抑制の効果がある．インバータの出力側の交流リアクトルは，騒音低減及びサージ電圧抑制の効果がある．ただ，配線長が長くなるとサージ電圧の波高値を抑制するのが難しくなる．

## ● BCP

災害などの緊急事態における企業や団体の事業継続計画（Business Continuity Planning）のこと．BCPに基づき空調設備についても必要最小限の機能を維持することが求められる．

## ● BEMS：Building Energy Management System

「ベムス」と読まれ，「ビル・エネルギー管理システム」と訳される．業務ビルに中央監視システムが導入された頃は，運転・監視機能が中心であったが，省エネの気運が高まってきたことからエネルギー管理機能が追加されるようになった．その後，コンピュータと通信技術の発展によってさらに機能拡張が図られ，室内環境とエネルギー性能の最適化を図るためのシステムとなった．

BEMS は，制御部，監視部，管理部の３部によって構成されている．

制御部は，各種の計測器などから構成され，温度・湿度センサ，流量，電力などのデータを監視部（中央の監視制御装置）に送信する．監視部では，送信されたデータに基づき，エネルギー使用状況を日・月報などにまとめる．さらに空調・照明の運転等を最適に制御する．管理部では，空調・照明機器等の予防保全，設備機器管理台帳管理などのビルマネジメント機能を有する．

● FEMS：Factory Energy Management System

　「ベムス」に対して，「フェムス」と読まれ，「ファクトリー・エネルギー管理システム」と訳される．製造業で行われている受変電設備のエネルギー管理に加えて，生産設備のエネルギー使用状況，稼働状況を把握して，エネルギー使用の合理化と工場設備の全体最適を図るためのシステムである．一定規模（原油換算 1500 kL）以上のエネルギーを使用する事業場は，毎年原単位を年率 1 ％以上改善することを求められている．それは，全社で取り組まなければならないテーマで，省エネの PDCA サイクルを継続するためには FEMS の構築が急務である．

● HEPA フィルタ

　粒径が 0.3 $\mu$m の粒子に対して 99.97 ％以上の捕集効率を有する超高性能エアフィルタ．クリーンルームで使用される．

● PV フィルタ

　計測が圧力など，短時間の変動が大きくて制御しにくい場合に調節計の入力信号に変動幅を緩和する（一次遅れ）処理をして，入力信号の変動を緩やかにする．

● VAV 方式

　空調システム方式の一つ．VAV は可変定風量装置と訳され，室温に応じて送風量を変化させる機能を備えている．センサが室温を感知し設定されている温度に達したり，その温度を下回ると自動的に風量調整を行い室内温度を一定に保つように動作する．

　環境維持に必要な送風量を維持することが必要であり，絞り過ぎを考慮した風量の設定が必要である．

● **ZEH 基準**

　「エネルギー基本計画」（2014 年 4 月閣議決定）において，「住宅については，2020 年までに標準的な新築住宅で，2030 年までに新築住宅の平均で ZEH の実現を目指す」とする政策目標を設定して，住宅の外部から「エネルギーを極力必要としない住宅」として，省エネ基準よりも厳しい高断熱性能を設定している．

　ZEH ロードマップ検討委員会では，「ZEH の判断基準」として，以下の⑴〜⑷の定量的な定義を設けている．

⑴　強化外皮基準（1 〜 8 地域の建築物エネルギー消費性能基準を満たしたうえで，UA 値が，1，2 地域：0.4 W/m²K 相当以下，3 地域：0.5 W/m²K 相当以下，4 〜 7 地域：0.6 W/m²K 相当以下）を満足すること（$\eta$AC 値，気密・防露性能の確保などにも留意）．

⑵　再生可能エネルギーを除き，基準一次エネルギー消費量から 20 ％以上の一次エネルギー消費量が削減されていること．

⑶　再生可能エネルギーが導入されていること（容量不問）．

⑷　再生可能エネルギーと差し引きして，基準一次エネルギー消費量から 100 ％の一次エネルギー消費量が削減されていること．

● **アスペクト比**

　長方形ダクトの縦と横の長さの比．アスペクト比を大きくすると摩擦損失が大きくなる．

● **エルボ**

　90 度や 45 度の角度を有する管路の曲がり部．

● **煙突効果**

　空気の密度差による通風効果をいう．冬期には外気よりも室内温度が高いため，室内空気の浮力により上昇気流が発生する．高層階の開口部から室内空気が流出し，流出量に相当する外気が低層階の出入口部から侵入する．

● **温熱環境**

　室内環境を構成する温度，湿度，気流，音，光などのうち，暑さや寒さの熱的な感覚（温熱感覚）や快適感に関連する要素による環境をいう．

　温熱感覚に影響を与える要素としては空気温度，放射（ふく射），気流，湿度，着衣量，運動量の6要素があり，室内環境として制御できる要素は前4要素である．

　温熱環境の快適感は個人により異なるため，各人の申告により調査するが，「80％以上の人が受入れることができる温熱環境」を快適の基準とすることが提唱されている．

● **回帰線**

　散布図で表した二つの変数の関係を，図もしくは数式で単純化したもの．一次回帰線（直線）と二次式以上の曲線で表せる多項式回帰がある．空調設備では単純でわかりやすい一次回帰線が多用される．

● **ガス冷温水機**

　直だき二重効用冷温水機と呼ばれる冷水と温水が製造できる吸収式の冷凍機で，燃料として都市ガスを使用するもの．

● **過冷却負荷**

必要以上に冷却する負荷. 空気を冷却することにより減湿（除湿）する場合に生じる冷却負荷.室内温度維持に必要となる熱量以上を消費する.

● **管路抵抗曲線**

配管やダクトの流量と抵抗の関係を表す曲線. 通常の管路抵抗は流量の 2 乗に比例する.

● **吸収液の結晶化**

吸収式冷凍機の吸収剤として用いられる臭化リチウムは, 濃度と温度の条件によっては結晶化する特性がある. 例えば, 高温再生器でバーナの過熱により, 吸収液の濃度が濃くなりすぎて臭化リチウムの結晶化を生じることがある. また, 低温再生器から吸収器に導入される高濃度吸収液が, その管路の途中で通過する低温熱交換器で結晶化が生じたりすることがある. このように, 吸収液中の臭化リチウムが結晶化すると, 吸収式冷凍機内で沈澱して吸収液の循環が悪くなれば, 効率低下を引き起こし, 故障や破損の原因になる.

マシンが全負荷状態のときに電力が失われ, 高濃度の溶液が熱交換器を通過すると, 結晶化が発生する場合がある. パワーが大きいほど, 結晶化の可能性が高くなり, 電源障害は, 結晶化につながる可能性がある.

● **局部抵抗係数**

エルボや合流, 分岐などの管路の断面や流れ方向が変化した場合に圧力損失が生じる. この圧力損失は断面や流れ方向の変化により決まる局部抵抗係数により求めることができる.

● 空冷チラー

　外気との熱交換（空気熱源）によって冷水を製造する装置（チラー）の通称．冷却水と熱交換する場合は水冷チラーと称する．

● 決定係数

　回帰直線がどの程度当てはまるかを表す指標．相関係数の2乗に相当する．

● 恒温・恒湿

　室内の温度と湿度を常に一定に保持すること．冷却と加熱だけでなく，状況により加湿もしくは減湿が必要となる．

● コージェネレーションシステム

　エンジンやガスタービン，燃料電池などを使用し，燃料から動力あるいは電力と熱を同時に発生・利用するシステム．

● 混合損失

　同一系統もしくは同一の部屋で，冷房と暖房を同時に行うことによる損失．オフィスビルではインテリア（内部スペース）で冷房，パリメータ（外周部）で暖房要求となる場合に生じる．

● サージング

　ポンプや送風機で圧力や流量が激しく変動する現象をいう．ポンプや送風機の性能曲線で流量の増加に対して圧力も増大する（右上がり）領域で発生する．

● ジェネリンク

　排熱投入形吸収式冷温水機とも呼ばれる．コージェネレーションシステムの排温水を利用して，吸収式冷温水機の燃料消費量を削減する．

● シックハウス症候群

　ホルムアルデヒド等の有害物質が建材，家具などから空気中に放出されることによる人体への症状．ホルムアルデヒド等の有害物質を発散する建材を使用しない場合も，家具からの発散の可能性があるので，原則として全ての建築物に機械換気設備の設置が義務付けられている（24時間換気システム）．

● 実揚程

　受水槽の水を高架水槽へ送るように，実際に水をくみ上げる高さに相当する圧力をいう．

● 受電端電力量

　送電線路の負荷側（需要側）に供給される電力量のこと．発電電力量から送電線路等で失われる電力量を除いた電力量に相当する．

● 蒸発吸収距離

　噴霧した蒸気が空気に取り込まれるためには，状況に応じたある一定の空間が物理的に必要である．噴霧ノズルから空気に取り込まれるまでの距離を加湿吸収距離（蒸発吸収距離と同義）といい，この間にファンやフィルタなどの障害物があるとその表面で水滴となり濡らしてしまう．

　加湿吸収距離は周辺空気の状態によって変化し，その距離は温度が低いほど長く，温度が高くなれば短くなる．低温の場合2 m以上の加湿吸収距離を見込む場合もある．

## ● 商用運転

　商用電源（しょうようでんげん）とは，電力会社から電力消費者に届けられる電力および電力を電力消費者に届ける（供給する）ための設備一般の総称である

　インバータによる全力運転と商用運転を比較すると，インバータ自体に損失があるので，モータを同じ運転状態で使うと，かならずインバータの方が消費電力は増えることになる．

## ● 推定末端圧力制御

　末端（一番遠い給水栓や空調機など）の圧力を常に一定にすることによりポンプ動力を低減する制御方式．配管の圧力損失は水量の2乗に比例する特性を利用するもので，ポンプの吐出圧力と水量にて末端圧力を推定する．

## ● スケール

　配管内の水に含まれる炭酸カルシウムやシリカなどが熱交換器や配管内壁に析出する固形物．

## ● ストレーナ

　配管中の異物を取り除くために取り付けられるろ過装置．

## ● 零相リアクトル

　電波障害の軽減，計測器やセンサなどの誤動作を防止するために，インバータの入力側，出力側に設置して電線から放出される放射ノイズを低減する．

## ● 相関係数

散布図で使用する二つの変数の強さを表す．相関係数が $0.7 \sim 0.8$ 以上もしくは $-0.7 \sim -0.8$ 以下であれば，強い相関があるとされる．

## ● 層流

速度が小さく粘性（流れを妨げようとする力）が大きい流れでは，不規則な流れを含まない流れとなる．このような規則正しい形を保つ流れを層流という．

## ● ダウンサイジング

機器を小型化してコスト削減や効率化を図ること．

## ● 多変量解析

複数の変数に関するデータをもとに，これらの変数の相互関係を分析する統計的手法．例えば，建物のエネルギー使用量に関して，外気温度や建物の使用時間等を変数として，その関係性を分析することができる．

## ● チューニング

調律・調整のこと．省エネを目的として，設備機器やシステムを建物の使用状況に適合させることを「省エネチューニング」と呼ぶ．

## ● ドラフトチャンバー

化学処理や実験に用いられる排気機能を有する箱型の作業台．

## ● 熱回収型冷凍機

建物負荷として冷房・暖房を同時に必要とする場合，供給する空調熱源システムにおいて冷房排熱等として捨てられる熱を熱回収コンデンサの設置で，暖房，給湯，その他温水として使用することが可能とした熱源機のこと．通常 40 ℃ 程度の温水を取り出すことができて，建物全体のエネルギー消費が節約できる．

## ● 熱線風速計

電流で加熱された抵抗体からの放熱量が流体の速度により変化する関係を利用した風速計．アネモマスターとして知られ，抵抗体には白金が使用される．

## ● 比エンタルピー

単位質量あたりのエンタルピーを比エンタルピーという．（乾き空気 1 kg あたり何 kJ のエンタルピーであるかを表したもの）単位は，[kJ/kg(DA)] で表す．

## ● 比例動作，積分動作

設定値と現在値の間に差（偏差）が生じたとき，比例制御は制御動作信号の現在値に比例する操作量を出力する動作で P 動作（Proportional Control Action）と略称することがある．比例動作の単位は [%] で示す．積分動作は制御動作の積分値に比例する操作量を出力する動作で I 動作（Integral Control Action）と略称することがある．積分動作の単位は [秒] で，操作量変化を起こすのに必要な時間で積分時間という．比例帯が小さく，積分時間が短いと操作量が短時間に増加するのでハンチングが起こる原因になる．

● プーリー

　動力伝達に用いるベルト車のこと．送風機では，モータ（原動）と送風機（従動）のシャフトに取り付けられる．原動と従動のプーリー径を変えることにより従動側（送風機）の回転数を変えることができる．

● 複合ピトー管センサ

　ダクト内の風量を測定する装置．多数のピトー管を並列に配置し，その平均風速より風量を求める．

● ブライン

　氷点下となる二次冷媒（冷水）の凍結を防止するために添加する水溶液．不凍液ともいわれ，エチレングリコールやプロピレングリコール，塩化カルシウムが一般的に使われる．

● プラグファン

　遠心送風機の一種で，空調機などの容器内に羽根車だけを収容し，渦巻状のケーシングを伴わない形式のもの．空調機の小型化や吹出し方向の選択自由度が大きい，などで採用されることが多い．

　プラグファン特有の低周波（250 Hz）域で発生騒音が高い傾向がある．

● プレート型熱交換器

　伝熱プレートを積層し，高温流体と低温流体を1枚おきに流す熱交換器，コンパクトで高い熱交換効率が得られる．

● ヘッダー差圧によるバイパス制御

　熱源ポンプのみで二次側へ冷温水を供給しているシステムにおいて，空調機器の温度調節に2方弁を使用していると，全体が変流量になる．熱源機には最低流量を常に流さなければならないので，往きと還り配管の間にバイパス弁を設けて熱源機に最低流量が流れるように補償する必要がある．そのために，ヘッダー間の差圧が一定になるようにバイパス流量を調節して，熱源機の最低流量を補償している．

● ペリメータ部

　建物の窓際や壁際などの部分で，日射や外気温度の影響を受けやすいエリアを指す．そのために空調の負荷が大きく，変化量も大きい．ペリメータゾーン．反対語はインテリアゾーン．

● 放熱用熱交換器

　コージェネレーションシステムにおいて，すべての熱を利用されない場合に，余剰となった廃熱を放熱する熱交換器のこと．

● 保健空調

　空調は空気の温度，湿度，清浄度などを，室内の要求に応じて対処することであり，室内の人や物にとって良好な空気環境をつくるということである．

　空調の対象は目的により，保健空調と産業空調に区別される．

　保健空調は，そこで生活する人々の健康を保護し，さらに快適な空気環境の提供を目的としたもので，代表的な対象は事務所（オフィス），商業施設，ホテル，病院，学校，などである．

● **ホルムアルデヒド**

　有機化合物の一種で毒性が強い．建築材料に使用されたことがあり，建築基準法で規制対象となっている．

● **マイクロサージ**

　インバータは高速スイッチングを行って櫛形（矩形波）の電圧波形を出力しており，その波形の急峻な立ち上がりと，インバータとモータ間の配線（長さ）条件で生じる．また，線サイズにも関連している．

　特に 440 V 回路の場合はインバータに 440 V の交流電圧が印加されており，インバータの直流回路部の電圧は約 620 V になっている．インバータはこの直流電源を出力のパワー素子で ON-OFF（スイッチング）して PWM 波形（交流波形）を生成するので，最大で約 2 倍の 1200 V のサージ電圧が発生する．

● **密閉型冷却塔**

　冷却塔の内部に鋼管などのコイルを配置し，冷却塔の散布水と循環水（冷却水）の接触を防ぐ構造の冷却塔．循環水は密閉されているので大気により汚染されることはない．

● **メカニカルシール**

　ポンプからの漏れを防ぐ装置．多用されるグランドパッキンよりも高価であるが漏れ量は少ない．接触式の密封装置で硬質材料と軟質材料の組み合わせで構成される．

● **溶存酸素濃度**

　水中に溶存する酸素の量．溶存酸素濃度が高いほど配管等の腐食速度は速い．

● 「予知保全」と「予防保全」

　「予知保全」とは，工場内の機械や設備の不具合や故障をあらかじめ「予知」し，機械や設備を監視して最適な状態に管理することを指す．

　「予防保全」も不調が発生する前に保全するが，大きな違いは保全のタイミングにある．

　予防保全はメーカーや自身の経験から「ここまで使ったら壊れる可能性がある」とされている使用回数や時間を決め，あらかじめ部品交換などの保全をすることにより，故障を未然に防ぐ対応を取る．それに対し，「予知保全」は「壊れそう！」という兆候が出た段階で保全することで故障を防止する．「予兆保全」，「予知保全」とほぼ同じ意味で使われる．

　予兆の代表的な例として，ヒータは支障が出る前に「抵抗値」が変化する．モータは異常な振動が起こる前には，人が感じられないほどの微弱な「振動の状態」が変わるといわれている．このような「データ取得が可能」そして「閾値の設定が可能」この2点が予知保全が可能か不可能かの判断基準になる．

　代表的な予防保全に「照明器具の点灯時間管理」，「機械油の定期的交換」などがある．「定期保全」，「計画保全」などと同義．


● リターンダクト

　空調された部屋から空調機へ戻して再利用する空気（還気空気）を流す管路．


● リターンチャンバー

　レターン（還気）と外気を混合し空調機へ導く箱．

● **立型成層蓄熱タンク**

　水の比重差（水の比重は 4 ℃で最大（1.0）となり，温度の上昇に伴い比重は低下する）を利用した縦長の蓄熱槽で高い蓄熱効率が得られる．

● **レアショート（層間短絡）**

　モータ，トランスのコイルの巻き線は絶縁されている．巻き線の絶縁耐力に近いサージ電圧を受け続けると絶縁が劣化していく．絶縁抵抗が小さくなって短絡に至るのをレアショート（層間短絡）という．コイル表面に塵埃や湿気が付着したところで，部分放電が繰り返されて絶縁劣化が進み短絡にいたることもある．

● **レジリエンス**

　回復力（Resilience）を意味する．復旧を含む防災強化策を指し，BCPにも通ずる．設備としては，災害に強い自立・分散型システムの導入を検討されることが多い．

● **連成計**

　正（大気圧以上）および負（真空域）の圧力どちらも測定できる圧力計．

● **ロードリセット制御**

　VAV コントローラから送られてくる要求情報に基づいて給気温度を変更するか否かを判断すること．

## 参考文献

・岡土千尋：「モーター可変速ドライブにおける応用例について」昭和62年
　　　　電気学会誌 107 巻 7 号，p655

・村上俊博：「BEMS による VAV 空調システムの最適化制御」電気設備
　　　　学会誌 2006 年 2 月，p106-109

・『空気調和設備計画設計の実務の知識』　オーム社，空気調和・衛生工学
　会編，1995

・『空気調和・衛生工学便覧　第 12 版』　空気調和・衛生工学会編，1997

・「建築設備のトラブルに学ぶ」空気調和・衛生工学会　施工・保全委員会
　施工・保全のトラブル事例共有化小委員会編

# 索　引

～～～ 著 者 紹 介 ～～～

## 津守　宏計 (つもり　ひろかず)

有限会社津守　代表取締役
建築設備士，エネルギー管理士，ファシリティマネージャー
主に省エネに関するマネジメントのコンサルタントとして活動.

## 前山　二郎 (まえやま　じろう)

前山技術士事務所　所長
技術士（衛生工学部門），建築設備士，エネルギー管理士
建築設備の設計・営業・開発に従事し定年退職後，省エネに関するコンサルタントとして独立．現場を見ること，設備管理者からの聞き取りを大切にしている.

## 橋本　重行 (はしもと　しげゆき)

一般社団法人省エネプラットフォーム協会理事
エネルギー管理士
制御機器メーカーで，業務ビル，熱供給施設における監視・制御システムやBEMSの技術営業に携わり，定年退職．現在は計測による省エネルギー診断と課題解決に取り組んでいる.

┌─ 執筆担当 ─┐
1章：津守　宏計
2章：前山　二郎
3章：橋本　重行
└─────────┘

ⓒHirokazu Tsumori, Jiro Maeyama, Shigeyuki Hashimoto 2023

## 空調設備実践虎の巻

2023年 3月 9日　　第1版第1刷発行

著　者　　津守宏計郎
　　　　　前山宏二郎
　　　　　橋本重行聡

発行者　　田　中　　　　聡

発　行　所
株式会社 電 気 書 院
ホームページ　www.denkishoin.co.jp
（振替口座　00190-5-18837）
〒101-0051　東京都千代田区神田神保町1-3 ミヤタビル2F
電話（03）5259-9160／FAX（03）5259-9162

印刷　中央精版印刷株式会社　DTP　Mayumi Yanagihara
Printed in Japan／ISBN978-4-485-66560-2